大雅 中国旅行图鉴

杭州

大雅中国旅行图鉴·杭州

文化总监／余秋雨

总策划／王仁定　黄金山

出品人／李任芷

感谢所有为本书出版付出努力的人们

大雅文化

DE VOYAGE

本书内容包括认识杭州、杭州魅力、分区导览及旅行资讯等，在付梓之前，均力求最新和准确，但有些情况难免更动。若本书所述与实际情况不符，欢迎随时与我们联系，作为修订版改正之用。

本书素材浩繁，编辑中若存在谬误，首先表示歉意，同时希望及时来函指正。对此，我们将深表感谢。来信请寄：上海市延安西路1882号东华大学229信箱收，邮政编码：200051。

序 言

对于山河大地，人类有三度意义上的开发：一为物质生态意义上的开发，二为政治军事意义上的开发，三为审美游观意义上的开发。在历史上，这三度开发往往是交叉重叠的，但大多以前两度为主，只有当某些国家和地区的社会生活获得较长时间的富裕和安定之后，才会产生比较全面的第三度开发。

中国的山河大地在游观意义上的大规模开发，一次是唐宋年间，一次就是当前。如果说，唐宋年间的那次开发主要是由一批高水准的诗人、散文家和画家完成的，那么，当前的这次开发则以普通民众的巨大流量作为首要标志了。每逢节假日，居然有那么多中国人离家出走，不是为了牟利或是受了派遣，而只是为了在水山古迹间观赏游览，有的时候，有些地点甚至到了人潮汹涌的地步，致使各级政府也不能不把目光越来越多地移到本地旅游资源的开发上来。这实在是一件以美学和文化来重整山河的大好事，历尽艰辛的九州大地有机会卸一卸肩上的重担，解一解身上的戎装和工装，梳妆出一副优美的身姿来顾盼生风了。在我看来，这是中华文明在空间范畴上又一次愉快的苏醒。

我本人作为一个不倦的旅行者，二十几年来在国内旅途中从孤身苦行到置身于熙熙攘攘，虽然也在很多方面深感失落，但就总体而言还是高兴的。个体灵魂与寂寞山水的深层对峙当然刻骨铭心，然而如果因此而拒绝他人的投入，反对群体的参与，则是一种自命清高的私心。茫茫大地承载着万民万物，它的灵魂本应该是大慈不偏、宏广热忱的，它已经为迎接亿万双愉悦的眼睛、轻快的脚步，准备了数千年。

突然涌来的浩浩荡荡的旅游队伍，需要接受一些最起码的“指点”，改变大家对旅游对象的茫然无知状态和道听途说状态。山水景物、村邑城池的千年蕴含，不是凭着一时的耳目所及能够领悟的，而无所领悟的到达，无论如何是一种浪费，既浪费了自己又浪费了景物。但是，这种“指点”有特殊的难度。中国古籍中的风物文献散乱难读，近年来匆促编印的有关文本大多流于粗疏简陋，而导游们的指点往往只是旅游者抵达后的被动接受，已经很难作选择判断。因此，编印一套具有国际水准的高质量旅游读本，就成了一种迫切的社会需求。从文化意义上说，这种精致的读本也是一种把山水、历史、事件、人物、艺文、摄影交相融合的文化普及方式，是现代人对于脚下土地的逐一点化。

我在世界各地见到过很多风尘仆仆的旅行者，他们的行囊再简单，也少不了这样的读本，他们总是珍重地取出，在码头、车站、路边咖啡馆小心翼翼地捧读。正是这样的书，使他们的脚步和眼光更加沉稳而自信。我想，在中国大地上奔波的中外旅行者，也应该在行囊里增加一点小小的重量。

目前的这套书，耗费了不少研究者、写作人和摄影家的大量精力，希望能受到广大旅行者的欢迎。但这只是开始，国际间这样的读本几乎是每年更新的，但愿这套书也能在目前的基础上越编越精、越出越好，以便更对得起千万读者，更对得起大好河山。

是为序。

余秋雨

2000年夏于上海

大 雅 中 国 旅 行 图 鉴

杭 州

大雅中国旅行图鉴

杭 州

主编：王仁定

撰文：洪尚之　钱钧　盛久远　黄天梅
耿乙匀　钮因莉　褚树青　江志清　傅宏明

摄影：郑义　俞广明　王仁定　郑烨　桂国栋　李介一

插图：朱谨　朝歌　龚湘纬　方勇锋
俞益女　施黎敏　张乐彦　吕微露

责任编辑：潘笑竹

特约编辑：郑烨　刁兆彦

装帧：高静芳　王明煜

编务：杨筱燕　肖海波

图书在版编目（CIP）数据

杭州／王仁定主编. －北京：中国旅游出版社，2002.3
（大雅中国旅行图鉴）
ISBN 7-5032-1966-1

Ⅰ.杭…　Ⅱ.王…　Ⅲ.旅游指南－杭州市－图集
Ⅳ.K928.955.1-64

中国版本图书馆 CIP 数据核字（2002)第 013288 号

书名：杭州

出版发行：中国旅游出版社
（北京建内大街甲九号　邮编：100005）

制版：深圳利丰雅高电分制版有限公司

印刷：深圳彩帝印刷实业有限公司

版次：2002 年 3 月第 1 版　2002 年 3 月第 1 次印刷

开本：889 × 1194 毫米 1/32

印张：5

印数：1－10000

字数：85 千字

定价：27.00 元

目录

西泠印社“金石寿”印钮刻石

认识杭州

落英缤纷

四方游客流连忘返，陶醉在风和日丽的西湖边

湖边写生的少女

分区导览

灵隐寺烧香客

花港观鱼

旅行资讯

如何使用本书

这本《大雅中国旅行图鉴·杭州》内容充实，查索简便，充分展示了杭州的人文景观和自然景观，是导引您旅游杭州的最佳伴侣。它不但提供了每个景点的详细介绍，并附有详尽的实用资讯。

开篇《认识杭州》部分，标示出城市的地理位置，简述杭州的历史和文化背景。《分区导览》是全书的主体，将杭州划分为西湖风景名胜区、杭州城区、杭州新扩城区三大区域，共十二个游览区，藉着地图、实景照片和立体透视图，详细描述所有的重要观光点。

《旅行资讯》有交通、旅馆、餐厅的详细介绍，以及逛街购物和休闲娱乐的有关资讯，其中的《日常咨询》则提供了必要的旅行日常信息。

1 杭州旅游区域图

位于本书开始的彩色区域图，标示了杭州范围的游览区域和杭州的行政区划，在其后的《分区导览》中都有针对性的专章总述和详尽的分景点介绍，并配有区域地图。

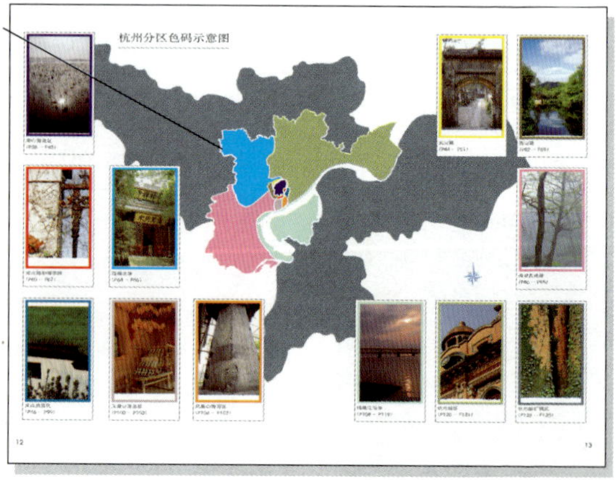

2 便于查阅

杭州范围的十二大游览区各有其代表色码。各章开头，都有该区的简介，介绍其特色和主要游览信息，并配有区域导览图。其后的正文部分以图文形式对区内的主要景点加以详尽叙述。

3 分区简介

为便于查阅，本书在编景点都在区域图上标以序号，并在该区的正文部分详尽介绍。

各区以不同的色码标示，便于查找对应区域。

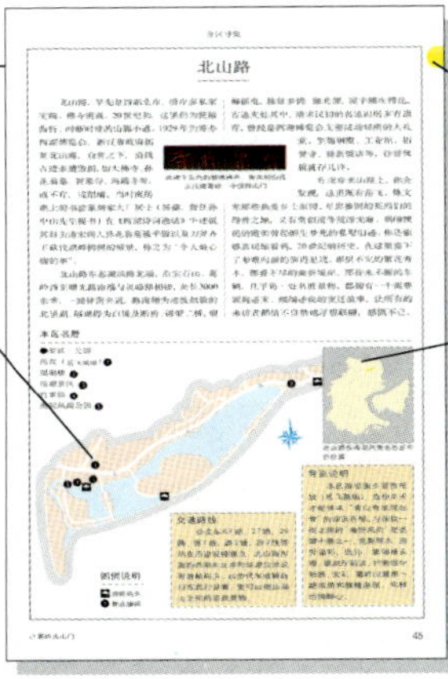

位置图指出本区与周围区域间的相对位置。

主要景点标题。

4 主要名胜

具有重要历史价值的建筑物及最值得一游的景点，分别以实地照片、景点资讯和景点说明进行介绍。

5 符号说明

本书所有的主要景点都将逐个介绍，每个景点标题下附有相关符号，提供交通、电话等旅游实用资讯。

6 手绘三维图

提供各游览区内最重要区块的鸟瞰视景，便于行程规划和实地探游。

杭州分区色码示意图

湖心游览区
(P28 – P43)

南山路和湖滨路
(P60 – P67)

西湖北缘
(P68 – P85)

吴山游览区
(P56 – P99)

玉皇山游览区
(P100 – P103)

凤凰山游览区
(P104 – P107)

北山路
(P44 – P51)

西山路
(P52 – P59)

西湖西南缘
(P86 – P95)

钱塘江沿岸
(P108 – P119)

杭州城区
(P120 – P131)

杭州新扩城区
(P132 – P135)

认识杭州

杭州的地理位置

杭州是浙江省省会，地处我国东南沿海地区、浙江省中部偏北。它东濒杭州湾，南与绍兴市，西与安徽省，北与湖州市相邻。

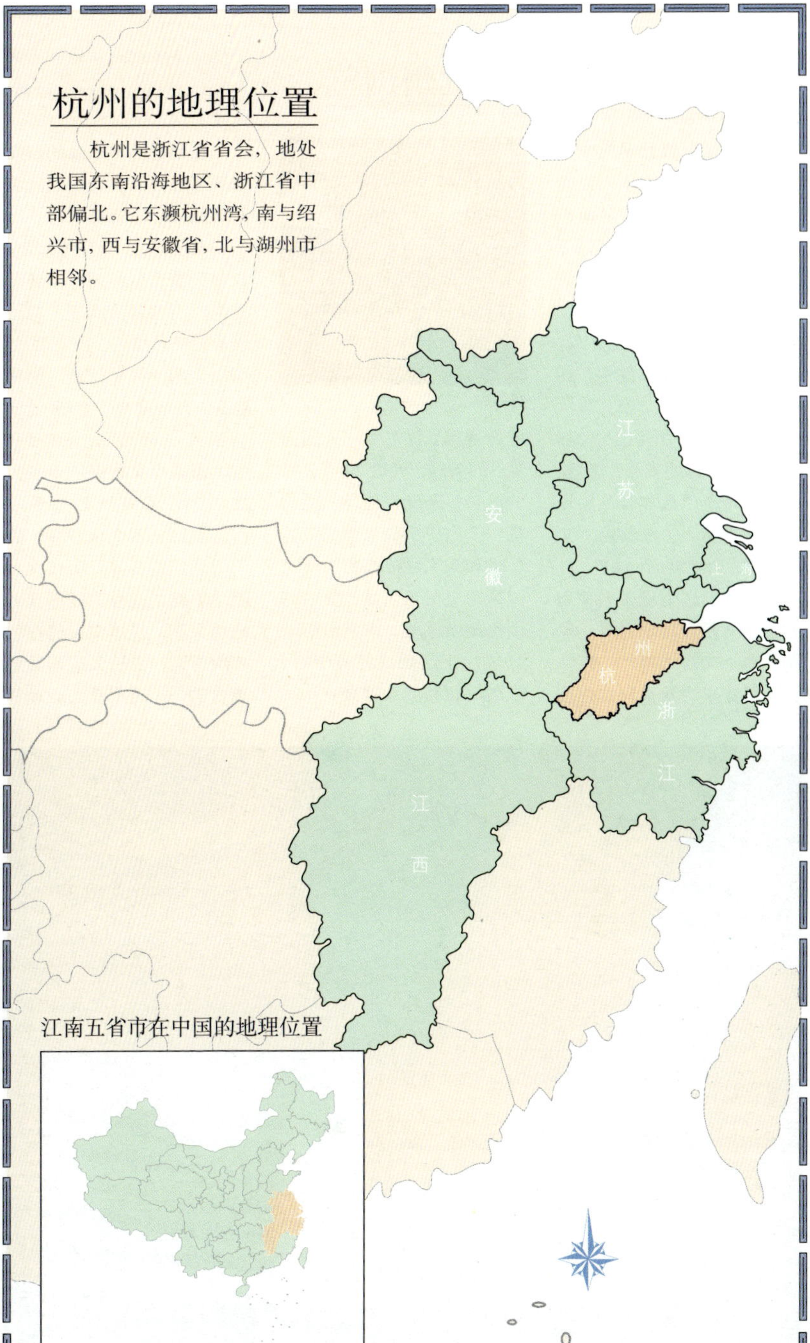

江南五省市在中国的地理位置

杭州浏览

江南忆，最忆是杭州。

杭州，位于中华人民共和国浙江省北部，市区面积3068平方公里，辖上城、下城、西湖、江干、拱墅、滨江、余杭、萧山8个行政区，人口约373万；下辖临安、富阳、桐庐、建德和淳安5县（市）。

杭州，是中国七大古都之一，浙江省的省会。这里，江流襟带，山色藏幽，湖光萃秀；这里，史脉悠远，文风炽盛，名流辈出；这里，自古至今被公认为是古老神州的山水之都、鱼米之乡、丝绸之府、文物之邦，一直以物质财富丰饶繁备和文化艺

秋之韵

术源远流长而享有“人间天堂”的美誉。经过2000多年的保护、开发、建设，杭州从一个山中小县出落成自然环境和人文底蕴相映生辉的国家历史文化名城、著名的山水旅游胜地，东南沿海地区现代化的政治经济中心、交通枢纽和文化都会。

在紧邻杭州市区的西湖风景名胜区以及之江国家旅游度假区，一湖碧水与三面云山相互映衬，天光云影，长堤卧波，烟柳画桥，舫船往来；沿湖绿荫环绕，花团锦簇，亭台楼阁，美不胜收；群山之间，林泉茂盛，洞窟幽深，古迹遍布；100多处园林景点点缀其间，国家和省、市重点文物保护单位为之增色；春夏秋冬景致不同，晨昏昼夜变化多端，晴雨雾雪情韵各异，历代文人赋咏不绝。此外，钱塘江的浩荡大潮，良渚文化遗存的璀璨奇谲，京杭大运河的悠扬古韵……无不令人心驰神

城市新建筑

往，流连忘返。

杭州市下辖的5县(市)，同样山水秀美，民风淳朴，人文荟萃。辖区西南的新安江，支流众多，水流湍急，峡谷、河滩，幽宁俊秀，晨雾、晚霞，轻盈绚丽；千岛湖，因新安江水电站的建造而形成，1000余个大小岛屿，宛若天女散花洒落湖中，倩影秀姿，楚楚动人；富春江，水流平稳，夹岸连山妩媚，江上沙洲葱茏。两江风景如画，千岛满湖诗情，素有“新安之水来天上”和“天下佳山水，自古推富春”的赞誉。

西湖周围是风景花卉写生的理想地

作为隋唐名郡、吴越首府、南宋都城和元明清以来的浙江省省会，杭州的历史文化积淀深厚凝重，经久弥新。代表着中华传统文明硕果的陶瓷文化、印刷文化、丝绸文化、茶文化、饮食文化、中医药文化、宗教文化、书画篆刻艺术和它们的创造者及其业绩，在杭州的一大批博物馆、纪念馆和乡野水滨、名山古刹、老街小镇、文献典籍里，都能一一寻访和欣赏到。

杭州既连接着沪杭、浙赣、杭甬、杭宣铁路干线，每天有数十趟客货列车始发或经过，又有杭沪、杭宁、杭徽、杭甬、杭温、杭金等十几条公路干线辐射到四面八方。杭州位于京杭运河的南端，国内重要内河航道钱塘江绕经城东南，航运十分发达。杭州机场每天（周）有

西湖是儿童的乐园

航班飞往北京、上海、广州、香港、深圳、厦门、西安、武汉、沈阳、昆明和乌鲁木齐等地。

从杭州出发，东去，可畅游名城绍兴、宁波以及普陀山、天台山；南下，可往雁荡山、温州或经金华、衢州去往江西龙虎山、福建武夷山；西行，能尽览天目山和安徽黄山、九华山风光；北

西湖是静谧与冥想的天堂

耸立的高层住宅

上，则有上海、苏州、无锡、南京等名邑大都。无论是来游杭州，还是从杭州出游，都堪称得天独厚。

改革开放以来，杭州城市的物质文明和精神文明建设蒸蒸日上，国民经济综合实力跻身全国城市十强之列，工农业生产和科技创新成果累累，名、特、优产品层出不穷，现代化交通、商务、生活、文化、娱乐新设施魅力更胜往昔。吃在杭州，住在杭州，游在杭州，玩在杭州，学在杭州，创业在杭州……自古即然，于今更佳。物华天宝的杭州，人杰地灵的杭州，成为普天下男女老少的游乐园，海内外各阶层消费者的休闲处，当代高新科学技术奇葩竞艳斗彩的天堂硅谷，一切雄心勃勃的有识有志之士大显身手的好天地。

历史的步伐跨入了21世纪，美丽的杭州正沿着“建经济强市，创文化名城”的发展轨迹健步向前迈进，以日新月异的面貌和第一流的服务水准，接待每一位前来寻幽探胜、游览休闲的朋友。

江南好，最好是杭州!

位于钱塘江畔的杭州经济开发区

拓展建设中的市中心武林门一带

历史上的杭州

杭州是我国七大古都之一，也是著名的历史文化旅游城市。它位于钱塘江的下游、京杭运河的南端，地处杭嘉湖平原的南部，由原来一片浅海湾发展成为现在的风景旅游城市。杭州除了地势平坦、气候宜人等自然因素，主要取决于两点。一是杭州建制的不断升级。从秦置钱唐县到南朝陈置钱唐郡，是第一次升级。到了隋设杭州，彻底改变了杭州山中小县的形象，而逐渐朝东南名郡发展。吴越国以杭州为首府，第一次将它提升到国都的地位。而南宋定都杭州，为它带来了历史上的繁荣时期。元明清直至民国时期，杭州一直是浙江的省会城市，经济文化以及城市建设依然向前发展。二是历代对钱塘江的防治和对西湖的疏浚。对钱塘江的防治，既保证了市区的安全，又促进了海运和河运交通的发达；对西湖的疏浚，不仅解决了农田水利的灌溉，而且解决了居民的饮水问题，还增添了湖山的秀丽。杭州既是历史的沉淀，更是文化的沉淀。西湖之美不仅美在湖光山色，更美在人文神韵。

烟雨晨昏，诉说千古往事

西湖溯源

西湖的美，除本身的地理环境之外，更有她渊源深长的历史成因。

据考，大约2000多年以前，西湖只是个浅海湾，与东海相通，后由于钱塘江上游和海湾三面冲刷下来的泥沙受海潮的推顶，泥沙堆积，沙嘴延伸，遂使海湾与大海分开，形成潟湖，这大约是东汉以前的事。

西湖形成示意图

后经魏晋南北朝至隋，原坐落在灵隐山下的钱唐县城，逐渐向东南凤凰山麓至钱塘江滨一带发展。隋文帝开皇九年（589年）废钱塘郡置杭州。唐时，杭州刺史李泌开凿六井，引西湖淡水入城区，解决了居民饮水之难，杭城迅速由南向北扩展，遂形成今天市区的格局。西湖在城之西，故称“西湖”。

唐长庆二至四年（822—824年），大诗人白居易在任杭州刺史时，疏六井，修钱塘湖堤（今武林门至钱塘门），建石函，蓄西湖水以利灌溉，杭城万民称颂。

五代十国，杭州为吴越国的国都。君王钱镠造海塘，建寺庙佛塔，刻石窟佛像，号称“东南佛国”，成为“东南形胜，三吴都会”，有“烟柳画桥，风帘翠幕，参差十万人家”。

宋初西湖年久失修，草干水涸，积成葑田。大文豪苏东坡两次在杭任职，先为通判，后为知州。元祐四至六年（1089—1091年）苏轼在任知州时，募民浚湖，掘葑泥，筑南北长堤，既方便了交通，又装点了西湖的景色，后人感恩，称堤为“苏公堤”，简称“苏堤”。

宋室南渡，建都杭州，改称临安府，皇室公卿沉溺于西湖山水，尽日歌舞，不思复土，反而陷害忠良，引为千古遗恨。同时，南宋王朝还在凤凰山一侧大兴土木，营造皇宫，又在西湖制作“御舟”。大小官吏也随之效仿，纷纷营造私家园林及画舫游艇，一时间花天酒

地，纸醉金迷，极尽人间奢华之能事。“西湖十景”最初就是根据南宋宫廷画师马远父子及陈清波等人的西湖题名画卷发展而成的。当时北方南下避乱的移民，羡慕苏杭一带的富庶繁华，于是发出了“上有天堂，下有苏杭”的感慨，流传至今。

南宋《西湖春晓图》

元朝政府以南宋亡国之鉴，对西湖废而不治，直至明正德三年（1508年），在知府杨孟瑛的主持下才又疏浚西湖。明嘉靖和万历年间，又相继筑成了湖心亭和三潭印月两岛。至清嘉庆年间，浙江巡抚阮元效法前贤，把掘出的葑泥堆筑成一个新的小岛，后称“阮公墩”。

清康乾盛世，西湖花团锦簇，景象一新。康熙皇帝钟爱西湖山水，曾先后五次南下杭城，“辟孤山以建行宫”。他还亲题西湖十景景名，并建亭勒石，西湖十景由此定名。乾隆皇帝也六下江南，驻跸杭城，在西湖十景碑后勒石题诗，复兴古迹，并在孤山行宫后建造文澜阁珍藏《四库全书》，西湖更因此名扬天下。

新中国成立以后，中央和地方政府都十分关心西湖的恢复与重建工作，杭州市园林部门对此倾注了大量的心血和精力，使西湖景观很快又恢复了往日的风采。20世纪五六十年代先后兴建并扩展了花港观鱼、植物园、动物园等。“文革”期间，西湖园林遭到大肆破坏。改革开放以来，西湖风景园林建设又蓬勃开展起来，并取得了举世公认的成就，其中包括：1.完成了西湖驳墈和环湖截污管道工程。2.引钱塘江水入西湖，解决了西湖水源不足与湖水变色问题。3.植树造林，扩大环湖公园绿地。4.除“雷峰夕照”外，恢复了原西湖十景，并开发和评选出新西湖十景。5.整修了灵隐、岳庙等文物古迹。6.兴建了丝绸、茶叶、南宋官窑和胡庆余堂四个博物馆，以及苏东坡、章太炎、马一浮、李叔同等名人纪念馆，为西湖增添了新的旅游景观。

杭州西湖是全国十大旅游风景名胜区之一，每年接待2000多万国内游客和数十万海外游客。西湖是美的，她是属于大家的。亲爱的游客，望您在饱览西湖美景的同时，一定记住要珍爱她，因为她也是属于未来的。

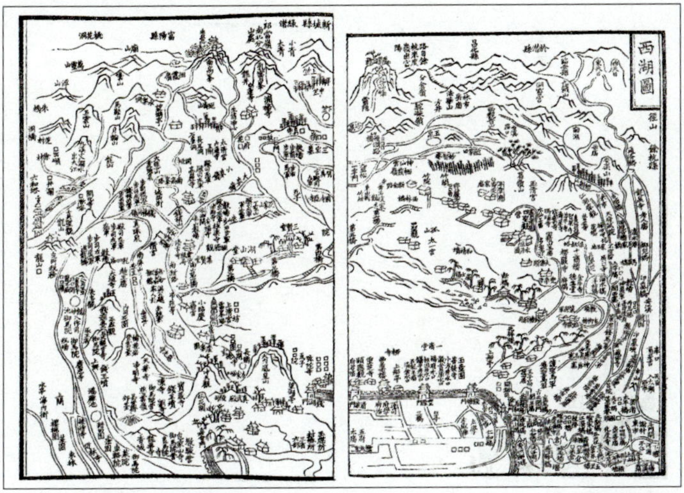

清《西湖图》

分区导览

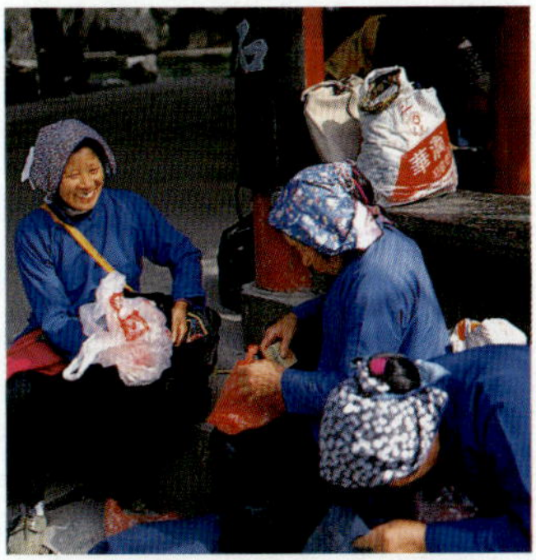

西湖风景名胜区

杭州西湖，是中国国家重点风景名胜区，位于浙江省省会杭州市城区的西面，湖光山色秀丽清幽，园林建筑典雅精巧，文物古迹熠熠生辉。

西湖风景名胜区以西湖水域为中心，三面云山相互映衬，面积60平方公里，其中湖面5.68平方公里，环湖一周约15公里，云水淡荡，长堤卧波，画桥烟柳，舫船穿梭往来；沿湖到处绿荫滴翠，花团锦簇，亭台楼阁隐显散落；群山之间林泉茂盛，洞窟幽深，古迹遍布，发人神往。全风景区有园林、景点100多处，国家和省、市重点文物保护单位与各类专题博物馆遍布景区，一年四季景致不同，晨昏昼夜情韵各异，晴雨雾雪变化无穷。

西湖之美，自古难诗，难画，难有人能道其全、尽其美。但是，总结历代山水知己们的心得体会，仍然可以达到这样的共识：西湖之妙，在于湖裹山中，山屏湖外，登山兼可眺湖，游湖亦并看山。有时，山影倾倒于湖心；有时，湖光映照于山际。湖光山色，分则各领风骚，合则相得益彰。而且，西湖东接杭州市区，南有钱塘江萦环，湖城相依，江湖并美。普天下名区大都之地，或各擅形胜，或独标惊奇，但像杭州西湖这样兼具天赐山水城市和千年古都风情的秀丽、幽雅、雍容的地方，实在不可多得。

西湖的山山水水之间，到处有人文之光的闪耀和辉煌，到处有历史变迁的熔铸和雕琢，到处有艺术甘露的渗透和滋养。这一方山水，这一方土地，不但是造物主青春年少时灵感的杰作，大自然情窦初开时梦中的恋人，而且也是无数能工巧匠创造智慧的凝聚，无数墨客骚人艺术才情的结晶。一言以蔽之，是伟大的自然和伟大的人民，共同创造了杭州西湖。

西湖风景名胜区

小瀛洲

湖心游览区

湖心游览区，指西湖水域以及在此范围内的堤岛园林和名胜古迹。西湖水域，由天然岛屿孤山和堤、桥划分成五个既相隔离又相连通的大小湖面，按面积大小排列，它们依次是外湖、西里湖、北里湖、小南湖和岳湖。

西湖画舫

外湖，居西湖水面东部和南部，面积4.43平方公里，约占全湖水面的4/5。这里水天相接，视野开阔，偏西一带水面有小瀛洲、湖心亭、阮公墩三个历史上由人工堆叠形成的岛屿，它们是湖心游览的精华。西里湖，面积0.745平方公里，它的东岸就是苏（公）堤，它的西面有杨（公）堤，今名西山路。荡舟在西湖上这块目前相对比较宁静的水面，湖光山色，让人心醉。北里湖，俗称里西湖，又称后湖，面积0.35平方公里。它的北面连接宝石山、葛岭，西南面有孤山，南面是白堤。山为屏，水映山，长堤一痕，桃红柳绿，古桥似虹，多少画意诗情！小南湖和岳湖，分别位处西里湖之南、北，面积都不到0.1平方公里，这两块水域比较小，因而显得精致雅秀，且特色鲜明。小南湖周围，有苏堤、太子湾公园、花港公园、蒋庄和苏东坡纪念馆，南屏山和南高峰的秀丽风姿倒映水中。岳湖，因为它北岸的岳王庙而得名，它南边的玉带晴虹桥、亭修复后，西侧又新建长逾百米的贴水曲折平桥，使得这块湖面富于变化而姿色陡增。

本区名胜

●岛屿
孤山 ❶
阮公墩（阮墩环碧）⓯
湖心亭 ⓰
小瀛洲（三潭印月）⓱
●湖堤
白堤 ⓲
苏堤（苏堤春晓）⓴
●公园 · 园林
中山公园（清帝行宫遗址）❸
西泠印社 ⓬
●著名景点
平湖秋月 ❷
断桥（断桥残雪）⓳
●博物馆 · 纪念馆
西泠书画院（湖天一碧楼）❺
俞楼（俞曲园纪念馆）❻
浙江图书馆古籍部 ❼
中国印学博物馆 ⓭
林社 ⓮
●桥 · 亭 · 墓葬
西湖天下景亭 ❹
秋瑾墓 ❾
西泠桥 ❿
慕才亭和苏小小墓 ⓫
●餐馆
楼外楼菜馆 ❽

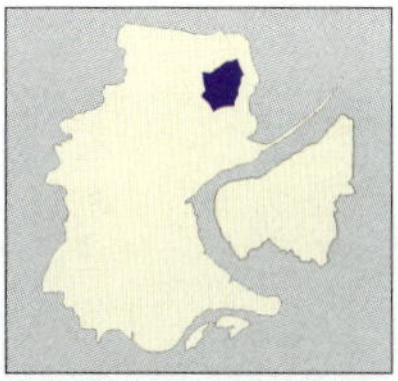

湖心游览区在西湖风景名胜区中的位置

图例说明

游船码头　❶ 景点编码
主要游船线路

交通路线

本区主要交通工具是西湖游船，另外，环绕本区有游览观光专线公交车游2线、游3线等。步行或骑自行车沿白堤、苏堤游览是最佳选择（白堤、苏堤不通公交车）。

导览说明

本区是西湖最为重要的中心游览区域，也是乘船泛舟的胜地。范围包括西湖水域、湖中四岛和湖堤。其中西湖上惟一的天然岛屿孤山遍布人文景观，水杉、杜鹃、梅林、樱花相映，自然风光独绝，"三潭印月"（小瀛洲）、"平湖秋月"、"阮墩环碧"、"断桥残雪"、"苏堤春晓"等西湖新老十景闻名遐迩。湖堤之上，更是桃柳相依，争艳斗彩，四季风景各异。

孤山 ❶

西湖北部水面 K7、27新新饭店站，游2、游3、850路西泠桥站，步行 中山公园码头

孤山海拔38米，面积200平方千米，是西湖惟一的天然岛屿，以其秀丽清幽的自然风光和环境成为西湖开发最早的景区。早在唐代，就由于佛教寺院的兴建而常有游人前来，诗人白居易称誉它是“蓬莱宫在水中央”。孤山东连白堤，西接西泠桥，岛岸濒临漾漾湖波，环水抱山，绕山皆水，四面有景，环境风貌得天独厚，更因众多历史名人在这里留下过踪迹，文化内涵尤为丰富，素有西湖山水景致与杭州历史文化缩影之誉。

西泠印社

是创立于1904年的我国同名印学团体的雅集活动场所，也是西湖自然式古典园林的典范之作。

西泠桥

驰名西湖的一座大型拱桥，跨立于葛岭、孤山之间。由于苏小小事迹的传说，有“西湖情人桥”之称。

中山公园雪景

浙江省博物馆

大型人文综合类博物馆。园林式建筑布局，现有各类文物藏品10万件以上。馆西有清代著名藏书楼文澜阁，东侧原国立西湖艺术院旧址上有西湖美术馆。

放鹤亭

为纪念北宋杰出的诗人和隐士林逋（和靖）而建，始建于元朝，亭后有林和靖墓。放鹤亭中正壁有《舞鹤赋》刻石。

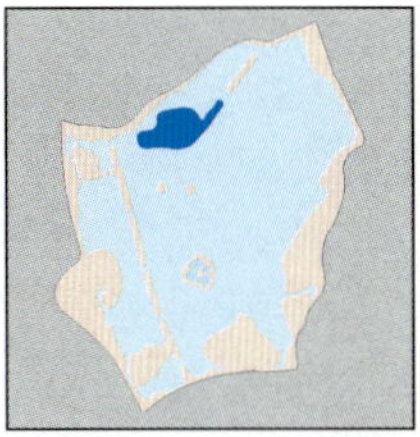

孤山景区在湖心游览区中的位置

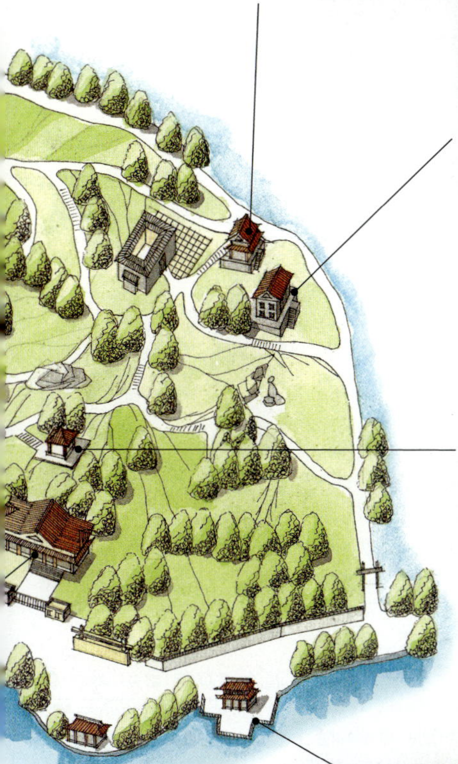

孤山一片云（敬一书院）

清康熙二十四年（1685年）辟建，近年按清式书院建筑风格重修，以图版介绍留迹孤山的历史名人，陈列历代名胜版画，宋元名家书法、绘画、刻石等。

西湖天下景亭

以苏东坡“西湖天下景，游者无愚贤。深浅随所得，谁能识其全”句意命名。亭柱楹联写道：“水水山山处处明明秀秀，晴晴雨雨时时好好奇奇。”

平湖秋月

西湖十景之一，南宋时泛指秋夜放舟湖上览赏明月清风之情景。

重要观景点

- ★ 平湖秋月
- ★ 浙江省博物馆
- ★ 放鹤亭
- ★ 西湖天下景亭
- ★ 西泠印社

平湖秋月夜景

平湖秋月❷

白堤西端 87961151 参照孤山或K7、游1、游2路断桥站，沿白堤步行 中山公园码头

西湖十景之一，南宋时泛指秋夜放舟湖上览赏明月清风情景，景址未定具体位置和范围。清康熙帝品题西湖十景，在今白堤西端与孤山结合部竖“平湖秋月”景名碑，此后，就以这一依山傍湖地带为景域所在。

20世纪后期以来，平湖秋月屡经拓建，栽种花木，点缀峰石，将原在其西侧的犹太富商哈同所造私墅罗苑中的亭台楼阁加以改建利用，园林胜境兼揽四时之美，无论凭栏远眺，小径信步，或是林下休闲，花间小酌，都别有一番意趣在心头，而以赏月为最佳。

湖上与秋月相会，自古以来就被视作良辰美景、赏心乐事。平湖秋月高阁临波，倚窗俯水，视野宽广。当金风送爽，一轮明月高悬天穹时，但见水天一碧，湖月相融；举首低眉间，那一派月色清辉，澄澈，冷峻，深沉，令人不由得想到，世事尽管多变，但从古到今明月无恙，清光依旧，普照天下山川风物，始终如一。

中山公园(清帝行宫遗址)❸

孤山路 87962325 参照孤山或平湖秋月 市级

在孤山南面，清康熙帝南巡到杭州时曾驻跸于此，以后屡有拓建，行宫范围包括今浙江省博物馆等，中山公园为当时行宫御花园所在。乾隆帝来游西湖亦以此为居所，命定“行宫八景”，并屡有题咏。清咸丰末年，毁于战乱，光绪年间局部重修，辛亥革命后改称公园，1927年始称中山公园。园内留存有“行宫八景”中的四照亭、绿云径等。

西湖天下景亭❹

中山公园内

在中山公园东侧原清帝行宫御花园内，单檐歇山顶四角方亭，用苏东坡“西湖天下景，游者无愚贤。深浅随所得，谁能识其全”句意命名。前临池水，背倚巉岩，周围草木扶疏。亭柱有楹联写道：“水水山山处处明明秀秀，晴晴雨雨时时好好奇奇。”

西湖天下景亭

西泠书画院(湖天一碧楼)❺

孤山路21号 87967853 参照孤山或平湖秋月

在孤山路南侧平湖秋月景区西部，二层仿古木结构楼阁式建筑，面西湖而立，雕梁画栋，扇门木雕图案花饰尤为繁复精美。这幢楼阁是犹太富商哈同1918年建造的别墅罗苑中遗构之一，1959年后整体迁建于此，近年辟为西泠书画院。

西泠书画院

俞樾

（1821—1907年）字荫甫，号曲园，浙江德清人。晚清名重一时的国学大师，著有《春在堂全集》，影响远及日本、韩国等。清同治七年（1868年）起，主讲于西湖孤山诂经精舍，长达31年。俞樾的孙子俞陛云，曾孙俞平伯皆为卓然有成的诗人、学者。

四照亭

在孤山之巅中部，为清帝西湖行宫八景之一。登亭四望，山光塔影，映入湖中，如睹仙山画境。清雍正帝题额称“云峰四照”。

中山纪念亭

在后孤山。1927年，孙中山先生逝世后，公园改称中山公园，又在后孤山植树造林称中山纪念林，并建此亭为中山纪念亭。

俞楼（俞曲园纪念馆）❻

孤山路 87968525 参照孤山

俞楼地处孤山南麓六一泉旁，为晚清朴学大师俞樾旧居。清光绪三年（1877年）俞樾担任孤山诂经精舍院长满十周年之际，以徐琪（花农）为首的众弟子，集资为恩师建造居舍，又得到俞樾老友彭玉麟慷慨资助，于光绪五年春建成。

当年，院内曾叠石成峰，花木扶疏，小池湛波，亭廊毗接，书香浓郁，清幽雅洁，而今，楼阁素雅，明窗飞檐，绿荫环绕，湖波映照，依然一派文采风流。

俞楼旧影

俞曲园独孙、诗人兼画家俞陛云和俞曲园曾孙、当代文学家俞平伯，都曾在俞楼生活、小住。俞平伯脍炙人口的散文名篇《西湖的六月十八夜》，写的就是在这幢湖上小楼里的一段生活经历与见闻。

1998年，俞楼继民国初年重建后再度建造一新，楼屋辟为俞曲园纪念馆，馆藏包括俞樾在清同治六年到光绪二年（1867—1876年）撰写的《春在堂日记》和《临终留别诗十首》手迹等珍品。

四照亭

浙江图书馆古籍部 ❼

孤山路 28 号 87996289 参照孤山或浙江博物馆 省级

在孤山南麓，有红、白二楼。红楼为清帝行宫遗迹之一，是清廷为接待德国皇太子的来访而专门建造的。辛亥革命后，浙江临时省议会议决将红楼拨归浙江图书馆使用，并增建白楼。

浙江图书馆孤山馆舍（古籍部）的白楼外景

青白山居

地处孤山南坡，原来是国民党政府上海警备司令杨虎所建私家别墅，歇山顶仿宫殿式楼台建筑，有阶陛自山脚直达主楼，碧瓦素墙，巍然屹立。现属浙江图书馆古籍部，为文澜阁《四库全书》珍藏地。

青白山居

楼外楼菜馆 ❽

孤山路 30 号 87969682 参照孤山或浙江博物馆

楼外楼菜馆外景

位于孤山南麓、浙江图书馆古籍部西侧，据说创建于清道光二十八年（1848年）。这里背倚孤山，面朝外西湖，从楼内亦可饱看湖山景色，一年四季食客盈门。赏罢西湖山水名胜，来到如此优雅的环境品尝佳肴，不能不让人感叹：游西湖天下景，吃西湖天下菜，好一处山外青山楼外楼！

楼外楼的著名杭菜

杭菜历史悠久，经历代名厨高手和美食家矢志不渝的探索，形成了取料广泛、烹调精巧、风味醇正、形质鲜嫩、口感细腻、情调典雅的菜品格局，而且还熔铸、积淀了地方上的历史文化与风土人情，尤以清鲜、真纯见胜。经典杭菜有西湖醋鱼、龙井虾仁、东坡肉、炸响铃、宋嫂鱼羹、蜜汁火方、叫化鸡和西湖莼菜汤等。

秋瑾墓 ❾

孤山路西泠桥南堍 参照孤山 省级

位于孤山西北隅。秋瑾墓伴随着20世纪中国天翻地覆的历史变革而经历了十次迁移，现墓为1981年重修，由汉白玉秋瑾全身雕像和花岗岩基座组成。雕像高2.5米，英姿飒爽；基座高1.7米，镌有孙中山先生题写的“巾帼英雄”手迹。

汉白玉秋瑾全身雕像

秋 瑾

（1875—1907年） 字璿卿，号竞雄，山阴（今浙江绍兴）人。曾留学日本，加入光复会、同盟会。1907年主持绍兴大通学堂，联络革命党人，谋划反清起义。同年7月，因起义事先泄密被捕，7月15日在绍兴轩亭口英勇就义。秋瑾曾多次到杭州开展革命活动，诗作中多有歌咏西湖山水的佳作。1912年12月10日，孙中山先生亲至秋瑾墓祭悼，并撰题挽联：“江户矢丹忱，重君首赞同盟会；轩亭洒碧血，愧我今招侠女魂。”

苏曼殊墓遗址

苏曼殊墓遗址

在孤山北麓北里湖畔。苏曼殊（1884—1918年），广东香山人，中国近代多才多艺的杰出文学家、爱国高僧。他创作的《断鸿零雁记》等小说，曾拥有众多年轻读者，产生过广泛的影响。苏曼殊英年早逝，由挚友柳亚子等人集资营葬于孤山北侧临湖处，可惜如今仅存遗址。

西泠桥 ⑩

孤山路 参照孤山，中山公园码头

西泠桥晨雾

西泠桥，古时又名西林桥、西陵桥，始建年代难以查考，至迟在南宋时已驰名西湖，是一座跨立于葛岭、孤山之间的大型拱桥，1914年和1921年曾两次重修。西泠桥由于和苏小小事迹传说的关系，有"西湖情人桥"之称。古桥，亭姿，柳岸，远山，塔影，还有那些融进了烟雨迷蒙之中的悲欢离合、缠绵缱绻，仿佛谱写并鸣出一支悠扬回旋的笛曲，从往古岁月的那一头，一直吹响到时序与世事依然不断翻新的今天、明天……

慕才亭和苏小小墓 ⑪

西泠桥北堍 参照孤山

苏小小墓位于西泠桥头，今仅存遗址。苏小小墓至迟在南宋时已经出现在西湖边，此后屡有毁修。清乾隆时，墓外观为石砌八棱角、上覆青瓦丹柱墓亭，民国初年改为外包水泥的圆丘形墓，1964年被清除。慕才亭原先是苏小小墓亭。1988年在墓亭原址上修造六角攒尖顶亭，名"慕才"，亭柱镌刻最为世人所激赏的楹联："湖山此地曾埋玉，花（风）月其人可铸金。"

西泠桥畔慕才亭

西泠桥畔苏小小

相传南朝齐时，杭州歌伎苏小小住在西泠桥畔，能诗善歌。一日，她乘油壁车在湖边游玩，在白堤同骑青骢马的阮郁相遇，两人一见钟情，结为夫妇。不久，阮郁的父亲来信催阮郁回家，两人难舍难分，匆匆分别。时过半年，阮郁一点音信也没有，苏小小心中烦闷，便乘油壁车去南山赏桂花。车到烟霞岭，苏小小看见一个叫鲍仁的穷书生正在破庙中攻读，内心十分同情，便赠银百两，资助鲍仁上京赶考。风雪飘扬的时节，上江观察使孟浪途经杭州，指名要苏小小陪饮助兴。苏小小再三回绝，但迫于压力，只得勉强应付。自从受了这番侮辱后，苏小小一病不起，临死前留下遗言："只愿埋骨于西泠。"这时，高中金榜的鲍仁刚刚赶回杭州，正准备向苏小小道谢，听到苏小小的死讯，抚棺痛哭。后来，他按照苏小小的遗愿，在西泠桥畔造墓建亭，以纪念她的恩德。

西泠印社 ⑫

孤山南坡西侧　87998665
参照孤山　国家级

西泠印社是创立于1904年的我国同名印学团体的雅集活动场所，也是西湖自然式古典园林的典范之作。北宋初，这里是杭州籍关姓官员的湖上别业，经印社金石名家们慧眼选址，精心构建，成为一处面积约3万平方米的山林地经典园林。

西泠印社的正门圆形洞开，设于孤山路北侧，饱吸湖光。门楣“西泠印社”匾额为第四任社长沙孟海书题。园林自孤山麓上达山巅，亭台、廊榭、楼阁等沿山坡布设，空间组合灵活开敞；小塔、小洞、小池、小桥，以及玲珑透漏的藤架、山石、摩崖石刻，互相穿插，随势安置，通过曲折起伏的路径连贯在一起。另外，还大量运用摩崖石刻、雕塑造像和篆刻、书画作品陈列，以充实文化内涵，丰富景观。全园布局紧凑，于山林氛围中透溢出浓郁的金石韵味。“面面有情，环水抱山山抱水；心心相印，因人传地地传人”（印社内四照阁楹联）。陈从周《西泠印社记》誉之为“景可寻，耐人想，观之不尽，西湖景之首也”。

“金石寿”印钮刻石

华严经塔

塔高逾10米，是统领西泠印社园林的最高标志物。塔身刻有十八罗汉像、《华严经》，浮雕佛像等。

汉三老石室

石室内有“汉三老讳字忌日碑”，为留存今世最早的汉文石质碑刻珍品。

山川雨露图书室

1912年始建，前后秀木掩映。

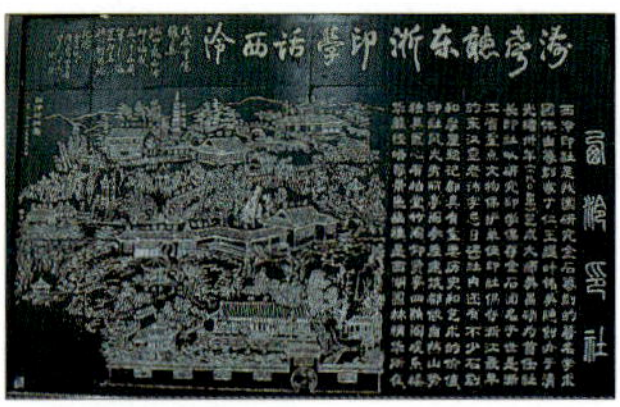

西泠印社石刻铭文

面向孤山路的西泠印社正门

小龙泓洞外景

洞前为闲泉泉池，洞内有《小龙泓洞记》等题刻，洞旁立清代皖派印艺大家邓石如石雕像。

题襟馆

室内壁间嵌丁敬《砚林诗墨》刻石，屋宇前平台可近观园林，远眺西湖。

柏堂

竹阁和柏堂都是当年白居易游孤山时驻足最多的地方。现堂内陈列西泠印社历代名家金石、书法作品。

“印传东汉”摩崖石刻

重要观景点

- ★ 柏堂
- ★ 华严经塔
- ★ 汉三老石室
- ★ 沿途摩崖石刻
- ★ 小龙泓洞

中国印学博物馆外景

中国印学博物馆 ⑬

孤山路 10 号 87994193

参照孤山

位于孤山西北麓，主体建筑印章馆 1999 年由寂庵改建而成。馆门前，耸立着高达 4.2 米的汉白玉仿龙钮巨型印章。馆内分设历代玺印厅、篆刻艺术厅和书画厅，它们与分布在西泠印社园林内的印学厅、印材厅、印泥展示厅以及吴昌硕纪念室、西泠印社社史厅一起，构成整个印学博物馆，向世人展示中国印章艺术与印学史博大精深的内涵、成就与影响。

鲁迅塑像

鲁迅塑像

坐落在孤山东侧大草坪，为全身坐像，1984 年安置。坐像以青铜浇铸，高3米，采用肖像写实手法塑造，粗犷厚实，着力于对鲁迅思想、气质和风骨的刻画。

阮墩日出

林社 ⑭

孤山北麓　参照孤山或平湖秋月

祭祀、纪念清末杭州知府林启的场所。

林启

(1839—1900年) 字迪臣，福建侯官人。在任杭州知府期间，由于积劳成疾病故。他翻译介绍了许多国外报刊文章，主张中国应当改革政治体制，杜绝官场陋习，大兴教育，培育人才。于 1897 年创建求是书院(今浙江大学)，次年又开办蚕学馆(浙江丝绸工学院前身，今浙江工程学院)。1899年再创办养正书塾(杭州高级中学和杭州四中前身)。逝世后，葬于孤山。

阮公墩（阮墩环碧）⑮

西湖中 87976720 阮公墩码头

阮公墩是1809年浙江巡抚阮元主持疏浚西湖后，用浚挖的淤泥堆壅成岛而成的，并因此命名。近 200 年间，岛上一直林木葱茏，蔓草萋萋。1981 年岛上辟建仿江南私家园林——环碧庄，茅屋竹阁掩映于花木丛中，杏黄庄旗高揭于林杪之上，十亩弹丸小岛，添设轻盈灵巧的环碧小筑、云水居，近水建泊舟码头、忆芸亭。“阮墩环碧”名列新西湖十景。

每当夏秋之夜，阮公墩环碧庄里举行仿古游乐以飨来宾。表演者及服务人员一色古装打扮，轻歌曼舞，题书作画，有时“员外”会友，有时小姐“招亲”，为游人献艺助兴。

湖心亭石坊

湖心亭 ⑯

西湖中 87969686 湖心亭码头

外湖三座人工岛屿之一，岛上有重檐歇山顶琉璃瓦亭子一座。此岛原为湖中三塔的北塔塔基，明朝嘉靖年间在此建亭，称为振鹭亭，因地处西湖水面，通称湖心亭。环岛皆水，环水皆山，远望亭、岛，仿佛有太虚一点之感。“湖心平眺”被列为清雍正增修西湖十八景之一。现亭为1953年重建。

风月无边碑

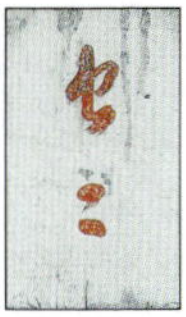

在湖心亭岛南端，太湖石上题刻“虫二”两字，正好是繁体“风月”（風月）去掉周边笔画后所剩的字，寓有湖心亭景致“风月无边”之意。

小瀛洲（三潭印月）⑰

西湖中 87985304 小瀛洲码头 三潭印月石塔 市级

地处西湖西部水面，西湖十景之一，与湖心亭、阮公墩合称“湖中三岛”。全岛包括水面约7万平方米，南北有曲桥相通，东西以长堤相连，堤、桥呈“十”字交叉，将岛上水面一分为四，四周岛岸环绕，岛外湖波一碧，若从空中俯瞰，就好像一个绿色的大“田”字写在湛湛碧波之上。湖中有岛，岛中有湖，亭台散落，花木扶疏，堪称江南水上园林经典之作。

小瀛洲

岛的前身是水心保宁寺，早在北宋就被诗人们赞颂为水光四合、海月相依的西湖赏月最佳景点之一。这里园林富层次，空间多变化，建筑布局匠心独运，引人入胜。从岛北码头登岸，经过先贤祠，步入九曲平桥，桥上依次有开网亭、亭亭亭、康熙御碑亭、我心相印亭，一任游人走走停停，歇歇看看，流连观照，饱览美景。三潭印月四季花影照眼，春秋两季尤其迷人：翠柳、莲荷、红枫、木芙蓉，快绿怡红，蜜意柔情，在岛内外水光的映衬下，与亭台楼阁的倒影一起摇曳生姿，胜似蓬莱仙境，故全岛有“小瀛洲”之美称。

风月无边碑

我心相印亭

晴日白堤俯瞰

白堤 ⑱

西湖上 K7、游2路断桥站，步行东端入 中山公园码头

白堤东起断桥，西接孤山，全长987米，宽33米，是西湖上历史最悠久的古堤。堤最迟在唐朝时就已经建造，南宋时归属孤山路，明朝后期又称十锦塘。白居易任杭州太守时，曾在西湖修筑湖堤，他诗篇中又有“最爱湖东行不足，绿杨阴里白沙堤”等名句，因而从清朝起通称这条古堤为白（公）堤。

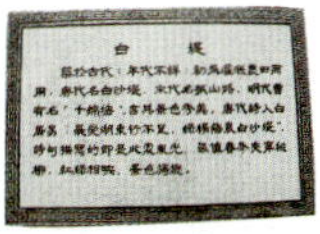

白堤景名碑

20世纪后半期，古老的白堤加高了堤身，拓宽了堤面，布植花木，辟设草坪，近年定为步行游览区。阳春三月，踏上白堤，只见垂柳袅婷，桃花嫣笑，湖波抚岸，山色飞吻，仿佛是一条飘逸了千年的斑斓缎带，连结起西子美人的多方景胜，贯串着湖光山色的千古神采，播扬了先贤名士的流风余韵，年年岁岁，洋溢着说不完、道不尽的画意诗情。

锦带桥

在白堤西段。南宋时始建，称涵碧桥；明万历年间重构，为木桥，改称今名；清康熙帝来游后为方便御舟往来，改建为石拱桥；1921年与断桥同时改建成今貌。桥头伫望，湖山佳丽汇聚眼前。

锦带入秋

断桥（断桥残雪）⑲

白堤东端 K7、游2路断桥站 少年宫码头

断桥，位于白堤东端，南宋时原名宝祐桥，也称段家桥，后人因中唐诗人张祜《孤山诗》中有“断桥荒藓涩”之句而通称断桥。西湖十景中的冬景“断桥残雪”，就是雪后来断桥所见到的迷人景致。

断桥观瞻，四季美不胜收，尤以冬日雪残时分最为销魂。每当雪后初晴，伫立桥头西眺北望，孤山、葛岭一带，楼台铺琼砌玉，湖山晶莹朗澈，冷艳凄清中透出素雅坚贞，胜过绿盛红繁多多。有道是“晴湖不如雨湖，雨湖不如月湖，月湖不如雪湖”，断桥残雪可说对此作了最精彩、最生动的注解。

古典爱情传奇《白蛇传》中，白蛇娘娘、小青与许仙邂逅初遇是在断桥，后来历经波折久别重逢又在桥畔，越剧《白蛇传》中白娘子唱道：“西湖山水还依旧……看到断桥未断，我寸肠断，一片深情付东流！”于是，断桥有了“情人桥”的美誉。

断桥所见雪景

苏堤（苏堤春晓）⑳

西湖上　K4、游2、游3路苏堤站，步行南端入，K7、27、游2、游3路岳坟站，步行北端入　苏堤码头

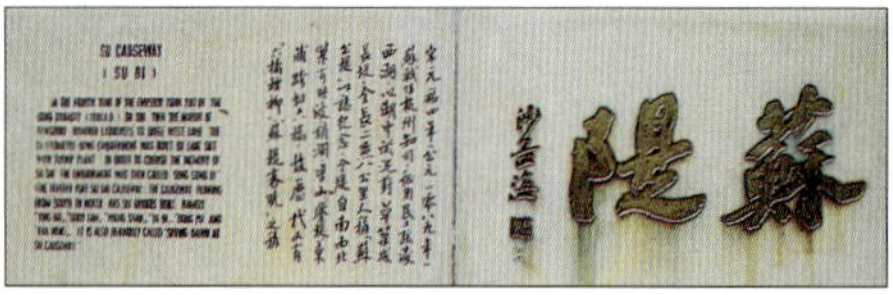

苏堤景名碑

杨柳吐翠，艳桃灼灼

苏堤南起南屏山麓，北到栖霞岭下，全长近3公里，堤宽平均36米，沿堤栽植杨柳、碧桃等观赏树木以及大批花草，还建有六座单孔石拱桥。北宋元祐五年（1090年），时任杭州知州的大诗人苏轼（东坡），疏浚西湖，利用浚挖的淤泥构筑成堤，杭州人民为纪念苏东坡治理西湖的功绩，把它命名为“苏堤”。

从北宋始筑至今，苏堤经历了近千年的风雨沧桑，堤身屡毁屡修，堤址也一再迁徙。南宋初，全堤大规模重筑，堤的走向与苏东坡所筑原堤有了明显差异，它南起南屏山麓，北至大佛头（今宝石山东），西湖被划分为两大湖面。后来为了让宫廷大画舫能往来两湖之间，又在堤上建起两座高桥。明朝前期，西湖再度严重湮塞，苏堤与陆地连为一片，堤上六桥之下，水流如线。正德三年（1508年），经杭州知府杨孟瑛主持疏浚，湖、堤始得恢复。现在自南屏山直达岳飞墓庙前的苏堤，在清朝康熙皇帝来游杭州品题西湖十景之后，才最终定型。

“苏堤春晓”一直位居西湖十景之首。南宋时苏堤上建有大批亭台楼阁，雕梁画栋，金碧错杂，是湖上最喧闹的游览地段，宫廷与民间艺人在这里表演走索、骠骑、飞钱、抛钹、踢木、撒沙、吞刀、吐火、跃圈、筋斗、舞盘等杂技节目，吸引大批游人。

经过半个多世纪的精心绿化和维护，苏堤出落得更加楚楚动人，无限柔情，无尽温馨，一年四季五彩缤纷，特别是春风吹拂的三四月间，苏堤上杨柳吐翠，艳桃灼灼，长堤延伸，六桥起伏。晨曦初露时，湖波如镜，桥影照水，鸟语啁啾，柳丝舒卷飘忽，桃花笑脸相迎。置身堤上，湖山胜景如画图般展开，多方神采，万种风情，任人领略。

苏堤春晓

翠莲掩映

苏堤六桥

映波桥 （南起第一桥），在花港观鱼公园附近，垂杨带雨，烟波摇漾，绮丽风光，尽在眼前。

锁澜桥 （南起第二桥），在桥上近看小瀛洲，树色花影历历，远望保俶塔，亭亭玉立，近实，远虚，情景交融。

望山桥 （南起第三桥），桥上西望，远山岚翠，倒映湖波，若生出无限恋情。

压堤桥 （南起第四桥），桥南堍建有“苏堤春晓”碑亭。

东浦桥 （南起第五桥），又名束浦桥，是湖上清晨观看日出最佳地点之一。

跨虹桥 （南起第六桥，北起第一桥），伫立桥头，看雨后彩虹飞架，湖山沐辉，如入仙境。

长堤桥影

跨虹桥

葛嶺

北山路

北山路，早先是西湖北岸，沿岸多私家宅院、佛寺道观。20世纪初，这里仍为狭隘曲折、时断时续的山脚小道。1929年为筹办西湖博览会，浙江省政府拓宽北山路，仓猝之下，沿线古迹多遭毁损，如大佛寺、孙花翁墓、智果寺、玛瑙寺等，或不存，或削缩。当时寓居湖上的书法篆刻家大厂居士（易孺，曾任孙中山先生秘书）在《西湖诗词逸话》中述说其目击南宋词人孙花翁墓被平毁以及刀斧齐下砍伐湖畔柳树的情景，称之为“令人最心痛的事”。

始建于五代的智果禅寺，南宋初由孤山迁建葛岭，今仅存山门

北山路东起湖滨路北端，沿宝石山、葛岭西至曙光路南端与灵隐路相接，全长3000余米，一路林阴夹道，路南侧为清波似镜的北里湖，隔湖即为白堤及断桥、锦带二桥，烟柳摇曳，脉脉多情；路北侧，屋宇鳞次栉比，古迹夹处其中，清末民初的名流旧居多有遗存，曾经是西湖博览会主要活动场所的大礼堂、坚匏别墅、工业馆、招贤寺、新新饭店等，往昔风貌犹存几许。

行走在北山路上，你会发现，这里既有岳飞、陈文龙那些热爱乡土家园、尽忠报国的英烈们的埋骨之地，又有贾似道等荒淫无耻、祸国殃民的败类曾经醉生梦死的私墅旧迹。你还能够真切地看到，20世纪的历史，在这里留下了艰难向前的演进足迹。那望不完的繁花秀木，那看不尽的曲折堤岸，那往来不断的车辆，几乎每一处名胜景物，都拥有一个需要娓娓道来、细细述说的变迁故事，让所有的来访者都情不自禁地浮想联翩，感慨不已。

本区名胜

●景区 · 公园

岳坟（岳飞墓庙）❶

望湖楼 ❷

岳湖景区 ❸

竹素园 ❹

曲院风荷公园 ❺

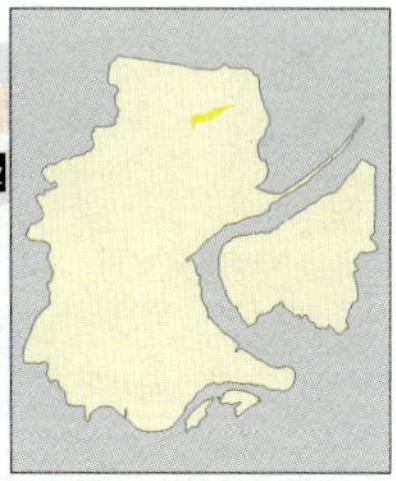

北山路在西湖风景名胜区中的位置

图例说明

游船码头

❶ 景点编码

交通路线

公交车K7路、27路、28路、游1线、游2线、游3线等均在沿途设停靠点，北山路东面的西湖东北岸和岳湖北岸设有游船码头。以步代车或骑自行车且行且看，更可以细品湖山之间的名胜景物。

导览说明

本区游览重点首推岳坟（岳飞墓庙），盘桓半天才能体味“青山有幸埋忠骨”的深沉苍郁。与岳坟一街之隔的“曲院风荷”是西湖十景之一，花影照水，流芳溢彩。此外，望湖楼头雨，镜湖厅前波，竹素园中新貌，宝石、葛岭山麓那一路浓荫和幢幢老屋，同样怡情醉心。

岳坟（岳飞墓庙）❶

北山路 80 号 87969670 K7、27、游 1、游 2、游 3 路岳坟站 岳坟码头 国家级

岳飞墓和岳王庙景区现存格局是清代重建后形成的，分为墓园、忠烈祠、启忠祠三部分，其中岳飞墓园坐西向东，忠烈祠和启忠祠坐北朝南，岳王庙大门正对西湖五大水面之一的岳湖，墓庙与岳湖之间，有高耸的“碧血丹心”石牌坊。自从南宋绍兴三十二年（1162 年）宋孝宗即位后下诏“以礼改葬”岳飞这位杰出的爱国英雄以来，已经有800多年了。其间，墓庙屡经毁损，规模较大的重建、重修在 20 次以上。

四跪像

岳墓阙墙下左右两侧的铁栅内，有陷害岳飞的四个元凶——秦桧、王氏、万俟卨、张俊的铁铸跪像。始立于明正德八年（1513 年），墓表石柱有联道：“正邪自古同冰炭，毁誉于今判伪真。”

精忠桥阙门

岳墓陵园西侧有石拱桥（精忠桥）跨水池而立，青石栏板，浮雕精美。对面是仿宫阙歇山顶石砌阙门，两侧隔墙仿古城池女墙而建。门柱上题有名联：“青山有幸埋忠骨，白铁无辜铸佞臣。”

墓道石刻像

岳飞墓前甬道两旁，对称排列着石翁仲、石像生等，是明朝墓重修后的遗物。

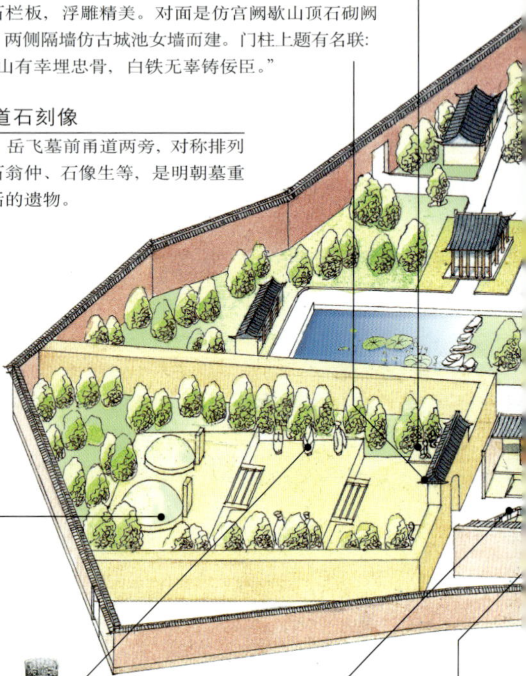

岳飞墓和岳云墓

岳飞墓分为墓地和陵园两部分，中为墓阙，东为陵园，西即墓地。岳墓始建于南宋绍兴三十二年（1162 年），历经毁、修，文革期间严重破坏，1979 年全面重建。墓丘以块石垒砌，圆形拱顶，上覆泥土，青草离离，墓碑题刻“宋岳鄂王墓”碑文，墓周围松柏长青。

岳云墓在岳飞墓北侧，墓碑文为“宋继忠侯岳云之墓”。岳云是岳飞长子，随父征战，勇冠三军，父子一起被诬遇害。

忠泉井

清康熙三十四年（1695）重修岳庙时发现泉源，于是浚挖而成泉井。浚泉碑文中道：“维王之神，如水在地，于兹墓侧，有泉清沸。”

岳飞墓碑廊

长廊嵌壁陈列碑石 127 方。北碑廊主要为岳飞奏札、诗词、手迹碑刻，南碑廊为历朝追谥文告和历代拜谒的诗词题咏、祭文及重修墓庙的碑记。

岳飞纪念馆（启忠祠）

原是祭祀岳飞父母及其子、媳的家庙，现以实物、图片资料介绍岳飞的英勇业绩。

精忠柏亭

为一座依墙而筑的半亭，亭内陈列树干化石八段。相传，南宋大理寺监狱风波亭旁有古柏一株，在岳飞遇害之日突然枯死，但枝干坚如铁石挺立不倒。人们都把它看做是岳飞“尽忠报国”精神和民族气节的化身，所以称它为“精忠柏”。其实，这里陈列的“精忠柏”化石，是1.2亿年前一种松柏科植物的化石，叫做“硅化木”。

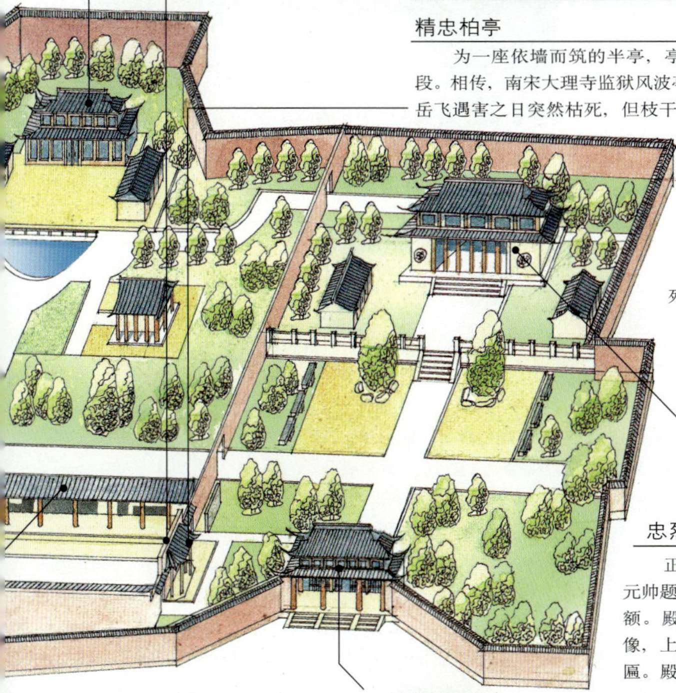

忠烈祠

正殿檐间高悬叶剑英元帅题书的“心昭天日”匾额。殿正中有岳飞坐姿塑像，上方高挂“还我河山”匾。殿壁有彩绘壁画。

岳王庙门楼匾额

碧血丹心牌坊

清雍正九年（1731年）始建于岳庙前甬道，坊额题刻“碧血丹心”。现牌坊是1995年重建，三间四柱三楼，各楼檐下设坊门。

望湖楼 ❷

北山路 12 号 85155843 K7 路断桥站，游 1、游 2 路断桥残雪站 少年宫码头

望湖楼，始建于吴越国后期（967年），今楼位于西湖北岸宝石山东麓，清末民初这一带有张曜（清山东巡抚）富春山馆、上善禅院等建筑。望湖楼周围，秀木葱茏，繁花似锦，芳草如茵，整个景区占地虽不足5000平方米，却可让游人放情眺望湖山，于游憩中品味历史，追想先贤。

望湖楼

望湖楼景区平面 1 望湖楼 2 餐秀阁 3 长廊 4 古香樟

望湖楼景区的主体建筑有两座，为清代风格的歇山顶二层楼或阁，分列于一株冠盖庞大的古香樟树两旁。高踞于古樟东侧的望湖楼，檐角翚飞，栏干围绕，檐下悬金字巨匾，楼前辟平台、砌石基为依托，有石阶曲折迂回而至楼脚，给人以楼台巍然高耸之感。

登楼举目，湖光山色，铺展眼前；入楼小坐，香茗厮伴，尘襟尽掸。餐秀阁为富春山馆旧构，位于古香樟树西面，体量较小而构造装饰毫不逊色，与望湖楼之间，依山势架筑曲折长廊，可随意往来，使两栋建筑分而不隔，联而各异，一气呵成，互为对景。

黑云翻墨未遮山，
白雨跳珠乱入船。
卷地风来忽吹散，
望湖楼下水如天。

未成小隐聊中隐，
可得长闲胜暂闲。
我本无家更安往，
故乡无此好湖山。

近千年之前，苏东坡任职杭州时，写下了一组题咏望湖楼的名诗，此为其中两首。大雨滂沱中，登望湖楼、上餐秀阁，望湖上雨色如泼墨，听楼头雨声似击鼓，最能得雨湖真旨趣。

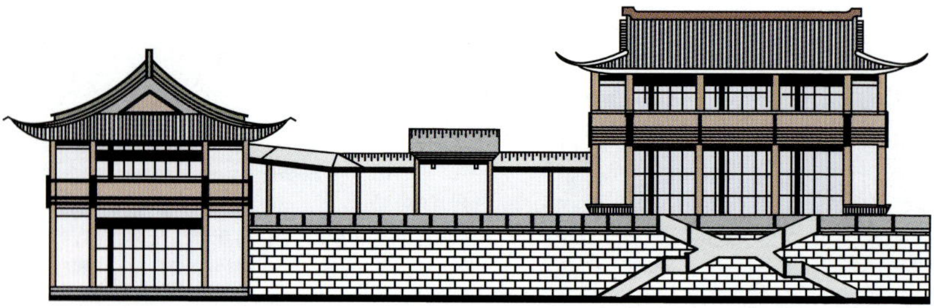
望湖楼建筑立面

岳湖景区 ❸

北山路西端 参照华北饭店

位于岳湖北岸、北山路之南，东起苏堤跨虹桥，西邻竹素园，面积约11万平方米，主要包括康熙“曲院风荷”御碑亭园、岳王庙前广场以及旅游餐饮、购物商场等，并有游船码头，为北山路游人集散中心。

岳湖荷景

竹素园	1
名石苑	2
碧血丹心牌坊	3
岳湖楼	4
岳庙山门	5
肯德基岳坟店	6
公交岳坟站	7
游船岳坟码头	8

竹素园 ❹

北山路曲院风荷公园北门内 87963811 K7、27、游2、游3路岳坟站 岳坟码头

位于岳湖景区西侧，北与岳飞墓庙隔路相望，占地近2万平方米，为西湖园林近年挖掘传统名胜而又能创出新意的佳作之一，现属曲院风荷公园。

竹素园始建于清雍正年间，引栖霞岭桃溪之水入园，清流萦回，凿池置石，构筑亭轩，栽植翠竹和四时花木，利用曲水环绕、花木扶疏且又濒临岳湖的环境条件，仿绍兴兰亭曲水流觞之雅趣，临清流建流觞亭，流觞亭南又建水月亭，前临明湖，后挹清溪，水月交辉，景致绝佳。随着雍正、乾隆两朝的交替，建园人、闽浙总督李卫从红得发紫到一朝失宠，竹素园盛极而衰。

百年一瞬间。1996年，作为岳湖景区主要园林游览区的竹素园，从历史的迷失中苏醒，抖落满身尘埃，再现妩媚风姿。曲水流觞，又奏响如歌的行板；楼台亭馆，更胜过当年的气派；江南奇石，荟萃多少诗情画意；秀竹奇葩，装点那一处处粉墙、小径、幽庭、池岸，芳草成坪，古木成荫，栽梅、桂等四季花木，置松、柏等百余盆景。

原竹素园正门（匾额现已改为“曲院风荷”）

一座园林，往往凝聚着离奇的故事，演绎着消逝的历史，诠释着不同的时代。竹素园，是其中生动的一例。

曲院风荷公园 ❺

北山路 101 号　87969691　K7、27、游 2、游 3 路岳坟站(北入口)，游 2、游 5 路曲院风荷站(西入口)　岳坟码头

曲院原名麯院，位于西湖西岸金沙涧（西湖最大天然水源）流入西湖处。南宋初，这里设立有宫廷酒坊，湖面种养莲荷，夏日清风徐来，荷香与酒香四下飘逸，游人身心俱爽，不饮亦醉，“曲院风荷”也成为西湖十景之一。南宋灭亡后，莲荷荡然无存，等到康熙皇帝来寻西湖十景时，只在如今苏堤北端的湖湾处发现小片荷花，于是建亭立碑，聊作曲院风荷旧址。

现在的曲院风荷公园是1980 年以后陆续兴建而成的，占地 30 万平方米，有岳湖、风荷、滨湖密林等景区，东接岳湖，西傍西山路，南到赵公堤，毗邻郭庄、花圃、植物园、岳飞墓庙，再现“接天莲叶无穷碧，映日荷花别样红”的景象。

图例说明

楼阁　游船码头
露天茶室　售票处
亭

重要观景点

★ “曲院风荷” 碑亭
★ 玉带晴虹
★ 湛碧楼
★ 迎熏阁
★ 红绡翠盖廊

环碧桥

两端为贴水平桥，中有小型拱桥隆起，穿越布满荷花的水面，拉近了人与荷之间的距离。

迎薰阁

由迎薰阁、香远益清堂相倚而成，为风荷区主景。夏日登阁，赏名种荷花，丽质自怜，清气纷呈。

风徽亭

六角攒尖顶丹柱单檐亭，亭名取意于南朝宋谢瞻《于安城答灵运》诗句“绸缪结风徽，烟组吐芳讯”。

风荷区

宁静的湖面上，分布着红莲、白莲、重台莲、洒金莲、并蒂莲等名种，莲叶田田，荷花妖娆，清波湛碧。

红绡翠盖廊

长廊为一组亭、榭、廊的组合建筑，参差曲折，倚水而设，后连葱茏草木。和风穿廊而过，荷香沁人心脾。

密林区

密林区有成片高大水杉，林中小空地有小木屋、小竹楼等，提供吊床等设施，假日休闲到此，别有风情。

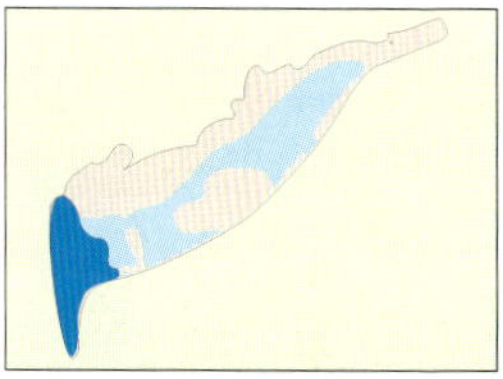

曲院风荷公园在北山路景区中的位置

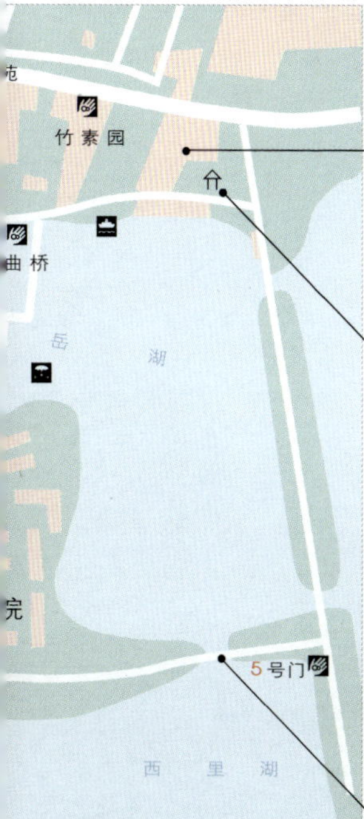

湛碧楼

在密林区东南侧，为一组楼、阁、石舫建筑群，临水而建。此楼宜于凭窗饱“餐”秀色，引颈畅“饮”湖渌；把酒临风，炼句赠荷；拍遍栏干，望尽美景。

流金桥

在曲院风荷公园西大门斜对处，长 7.1 米，宽 7.7 米，混凝土结构。此桥原为明代杨公堤北起第二桥，桥下有西湖最大的天然水源——金沙涧流经，故名。

岳湖楼酒家

坐落在岳王庙前广场，1930年前已建，为两层仿宋楼阁建筑，所供菜肴以西湖水产最有特色。

“曲院风荷”碑亭

在岳湖北岸、苏堤跨虹桥畔，歇山顶四角石柱方亭。康熙三十八年（1699 年），清圣祖玄烨品题西湖十景时，以亭前小片莲荷湖面为“曲院风荷”，后建此碑亭为址。

玉带晴虹

南宋时在这里筑新堤即赵公堤。清雍正年间赵公堤重筑时，为方便舟楫往来与雨季泄水，在堤中段开水口，架石梁三孔拱桥，桥上建桥亭，飞檐高骞，回廊绕水，朱栏影波。清咸丰末年，亭毁于战乱。1983 年重建。桥为三孔石砌拱桥，两侧设石雕护栏，命名为玉带桥，亭为重檐歇山顶，朱槛碧瓦，称垂虹亭，桥亭组合，风姿绰约。图为玉带桥栏孔远眺。

西山路

西山路，南起虎跑路与南山路交接处，北至北山路、曙光路和灵隐路十字路口，全长约4300米，它是继步行时代的西湖南北交通要道苏堤之后又一条机动车行时代的往来大道，其前身是明代建成的杨公堤。

郭庄小景

明正德三年（1508年），杭州知府杨孟瑛全面疏浚西湖，效仿苏东坡以葑泥在湖西砌筑长堤，这对于西湖水体的恢复和保护卓有贡献，世人称之为杨公堤。堤上辟建六桥，桥下为西湖诸山涧水口，六桥自北而南依次为：环璧桥，流金桥，卧龙桥，隐秀桥，景行桥，浚源桥，至今都有同名的或显或隐的桥梁存在。

近年，西山路由于车水人流的日益膨胀而拓宽了一倍。路东侧，古迹仍在，胜景翻新。自湖上西望，丁家山郁郁葱葱跃起于水面，西湖第一古典园林郭庄的雅洁更胜往昔，西湖国宾馆（刘庄、康庄）风韵依然。路西侧，南宋以前曾繁盛的大块水面已堙为陆地，杭州花圃的万紫千红让人目迷心醉；金沙涧畔，“江南活武松”盖叫天的燕南寄庐也大致可寻。再往西，当年石块铺成的林间古道，已为四通八达的汽车路所取代，这未免让人生出好多遗憾：何必要如此匆匆地催人们赶往西湖云山深处？其实，这里还是应当慢慢走、好好看呵！

本区名胜

●宾馆

西湖国宾馆（刘庄）❶

●故居·遗址·墓葬

康庄遗址（蕉石鸣琴）❷

赵之谦墓址❸

慕侠亭和盖叫天墓❹

●公园·园林

郭庄（汾阳别墅）❺

花港观鱼公园❻

西山路在西湖风景名胜区中的位置

图例说明

❶ 景点编码

交通路线

本区交通工具可选乘公交游1线、游2线、游5线等，也可乘坐游船到苏堤南段花港观鱼公园东大门，游花港观鱼公园后转往其他各处名胜。步行或骑自行车也是不错的选择。

导览说明

本区荟萃西湖古今园林胜景：“花港观鱼”（西湖十景之一）雍容灵动，汾阳别墅（郭庄）典雅精致，刘庄（西湖国宾馆）浓艳富丽，杭州花圃万紫千红……凡你所到、所见、所遇，无不由于艺术匠心与湖光山色相得益彰而格外回味悠长。

◁花港观鱼绾波亭

墻外留出滴水一尺

西湖国宾馆

西湖国宾馆（刘庄）❶

西山路7号 87979889 游1、游5路空军疗养院站

在西湖西岸丁家山。面积近40万平方米，由私家园墅刘庄、康庄等改建而成。主要楼房建筑位于濒湖半岛型地面，得湖山形胜之精华。宾馆内水木清华，花石妍奇，尤以原刘庄引人入胜。刘庄原名水竹居，晚清富商刘学洵所建。刘为广东香山（今中山市）人，以经营赌业致富，与同乡孙中山有私交。他建造刘庄不但选址独到，而且布排得宜，深具匠心。庄园内草坪如茵，树丛苍翠，路径曲折，楼屋深邃，溪流、池泊、林木、叠石措置多别出心裁。清末杭州诗人陈豪曾撰长联题赞刘庄：“泉石亦经纶，揽全湖多少楼台，试大开绮户，遍倚雕阑，对西子新妆，如此文章真富丽；琴樽容啸傲，看佳日联翩裙屐，有万树琪花，四围岚翠，话天台佚事，本来家世是神仙。”

刘庄曾为毛泽东来杭居住地，1972年后又为访华外国元首下榻处。1980年以后改称西湖国宾馆，面向社会开放。

康庄遗址（蕉石鸣琴）❷

西湖国宾馆内 参照西湖国宾馆 省级

原称一天园，因清末康有为曾在此营构别墅，俗称康庄。庄址原有清雍正年间增修西湖十八景之一的“蕉石鸣琴”，有蕉石山房等建筑。康有为购得后经营成园，筑人天庐、开天天室、明瑟亭、幽饮亭、石老云荒馆等，整修石磴上丁家山，可眺全湖之胜，辟荷池“藕波陌”以消长夏。室庐内多珍奇古玩、名家书画。今山崖壁间仍存康有为“蕉石鸣琴”手迹题刻。人天庐曾是毛泽东读书处。

赵之谦墓址❸

西山路丁家山 游1、游5路空军疗养院站

在西山路中段丁家山北麓。1999年建赵之谦墓址碑，碑前辟曲折长约30余米的磴石游步道，周围栽种翠竹、圆柏等园林花木。赵之谦（1829—1884年），会稽（今绍兴）人，清代杰出的书画篆刻艺术家，书法、篆刻、写意花卉均开一代新风。辞世后葬于西湖丁家山，后因道路拓建而墓不存。

慕侠亭和盖叫天墓❹

西山路西湖国宾馆西 游1、游5路空军疗养院站

在丁家山西麓、西山路东。慕侠亭正中匾额“学到老”，为盖叫天毕生信奉的座右铭。亭柱镌刻吴湖帆书联：“英名盖世三岔口，杰作惊天十字坡。”上下句首字嵌入“英杰”，为盖叫天原名；《三岔口》《十字坡》为传统京剧折子戏保留剧目，是盖叫天驰名艺坛的拿手好戏。过慕侠亭经甬道、石坊至墓区，墓碑题“艺人盖叫天墓”，为墓主自己拟定。

盖叫天

（1888—1971年） 本名张英杰，号燕南，河北高阳人。武功高超，人品高洁，以演武松戏著称，享有“江南活武松”盛誉，并创立京剧“盖派”风格。他曾居住在燕南寄庐数十年，许多成名之作在此编创完成，与马一浮、黄宾虹被后人合称为“西湖三老”。

盖叫天墓

燕南寄庐（盖叫天旧居）

在西山路北段西侧金沙港畔，为著名京剧表演艺术家盖叫天住所，“文革”中被占为民居，现围墙角尚存“百忍堂张界”界碑。

◁“百忍堂张界”界碑

郭庄（汾阳别墅）❺

西山路 13 号　87986026　游 1、游 2、游 5 路杭州花圃站　省级

清代始建，精心布排营造，庭园雅洁幽深，比苏州网师园有过之而无不及，久享“武林池馆中最富古趣者”的盛誉。

1989 年郭庄全面整修改建后，占地近 1 万平方米，水面约占一半。空间组合上，它分为“静必居”宅院建筑区和“一镜天开”园林开阔区。借景西湖自然山水，使郭庄具有不同于常见江南古典园林的悠远、深长的意境。

郭庄园林建筑以江南传统民居格局和装饰旨趣营造，浓抹重彩与淡妆清新兼收并蓄。园内花草夹道，曲径通幽，飞鸟来唱，芰荷浮水；游人或倚栏临波，或闲庭信步，或啜茗晴窗，或听雨蕉荫，沐晨风而手谈，揽明月且缓归，游而乐，乐而游，百游不厌，其乐融融。

★ 留意观景点

碑亭

在郭庄西侧园墙、翠迷廊南端，有一倚墙而筑的半亭，内竖当代造园大师陈从周撰写的《重修西湖汾阳别墅记》碑。

《渔歌子》照壁

在郭庄西侧正门门厅壁间，题书唐张志和《渔歌子》词。

重要观景点
★ 香雪分春庭院
★ 赏心悦目亭
★ 两宜轩
★ 景苏阁
★ 翠迷廊

翠迷廊

长廊倚墙临水，廊柱之间设砖砌坐栏，地面以砖块铺砌，素朴淡雅。

一镜天开园区

以大面积的一镜天开池水面为主，水面中间，横以两宜轩。轩南池面为传统自然式布局，绕池堆叠太湖石，精巧绮丽，楼、廊、亭、阁环绕；轩北池面，水平如镜，倒映天光云影，视野开阔。

郭庄西大门入口砖雕门檐上保留的“汾阳别墅”字样

香雪分春庭院

在静必居建筑中轴线上，为一前堂后院建筑群，高敞富丽，陈设典雅。取梅花开时分得湖山一片春色之意命名。

镜池

平面呈正方形，湛湛清波，平静如镜，为郭庄一镜天开园区主景。

两宜轩

分隔静必居与一镜天开两大园区的轩厅和廊榭，与香雪分春堂互成对景。

赏心悦目亭

一亭孤峙，周遭空疏，前临碧湖，后俯明池，湖山画境，庄园诗情，尽入望中。

景苏阁和浣藻亭

景苏阁为二层硬山顶砖木结构楼阁，周围粉墙开启各种图案漏窗，隔墙临湖设平台，墙内自成小院，门、窗、楼道、山墙采用典型的浙江民居式构造。楼上可远眺苏堤、睹园内全景。浣藻亭临池筑造，与景苏阁一粉墙之隔。

静必居园区

位处郭庄南部及东部，以浙江民居式宅院建筑为主，马头粉墙，石板天井，间以假山环绕的小池水面，随处点缀花草木石、小径矴步，布局紧凑，陈设典雅，有香雪分春堂、景苏阁、静必居、衍芬精舍、赏心悦目亭、如沐春风廊等。

上：两宜轩根雕壁挂别具匠心。下：框形各异的漏窗小景

乘风邀月轩

在郭庄东南隅，濒临西里湖岸畔，庑殿顶木结构亭轩，临湖一侧置平台。秋夜乘长风、邀明月、酌酒赋诗最为销魂。

花港观鱼公园 ❻

西山路南端与苏堤之间 87963033 K4、游1、游2、游3路苏堤站 苏堤码头

花港观鱼

花港观鱼公园是西湖最古老的园林之一，始建于南宋，原在西湖西岸的花家山下，有花、有港、有鱼，常年游人络绎不绝，“花港观鱼”被列为西湖十景之一。清康熙年间，西湖十景重兴，花港观鱼复建于今苏堤映波、锁澜二桥之间的西面，1950 年以后扩建成为占地 20 余万平方米的大公园。园内分为红鱼池、牡丹园、花港、大草坪、密林地等。每到春夏之交，满园花团锦簇，怡红快绿。金秋十月，一年一度的菊花展览也在这里举行，万花献姿斗彩，胜似春光。

重要观景点

- ★ 红鱼池
- ★ 蒋庄
- ★ 牡丹园
- ★ 马一浮纪念馆

梅影坡

红鱼池畔峰石

花港鱼童塑像

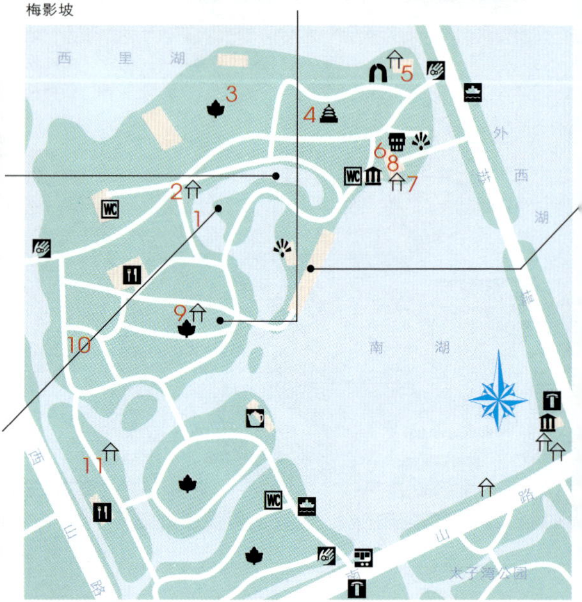

红鱼池	1	鱼池古迹（“花港观鱼”碑亭）	5	马一浮纪念馆	8
印影亭	2	蒋　庄	6	牡丹园（牡丹亭）	9
大草坪和红杉树	3	寂照亭	7	丛林区	10
藏山阁	4			绾波亭	11

湖畔寂照

蒋庄

又名小万柳堂、廉庄，为无锡廉惠卿别业，后改属蒋国榜，称兰陔别墅，俗呼蒋庄。地处花港观鱼公园东南隅，濒临小南湖，与苏堤有雕栏拱桥相通。庄内，亭台楼阁隐显于竹木花草，倒映于湖光波影，相衬于堤桥峰峦，尽得西湖千年风流。

寂照亭

在蒋庄东南部，凸出于湖面。歇山顶方亭，亭基立水中，四围出檐置敞廊，东隔苏堤与夕照山遥望，南对南屏山，兼收小南湖落日余晖，因名“寂照”。

马一浮纪念馆

在蒋庄拚水园主楼内，1987年6月建成开放，初名马一浮纪念室，1990年扩建，更名为马一浮纪念馆，以实物、图片、手稿和文献资料介绍马一浮生平事迹。

马一浮雕像

马一浮

（1883—1967年） 名浮，字一浮，号湛翁、蠲叟，浙江绍兴人，我国现代著名的书法家、国学大师。晚年长期居住在花港蒋庄（庄主蒋国榜是他的弟子）。

牡丹亭

牡丹园

在花港观鱼公园红鱼池西首，集中布植名种牡丹、芍药数百本，年年谷雨三朝，牡丹盛开，魏紫姚黄，豪华富丽，尽显花中王者风范。

牡丹亭为重檐攒尖顶亭，高踞花港牡丹园丘埠顶巅，亭西面有大片乔木掩映。从亭中眺望，花港全园东、南、北的景致纷呈眼前：东看，绿树繁茂，美景仿佛一直在延伸；北面，大草坪牵挽起西里湖波光山影，惹人遐想无穷；南边，青青山色扑入眼帘，不召自来。

丛林区

在牡丹园西北，密林浓荫，坡地起伏，与鱼池、花境、草坪、亭廊大异其趣，幽宁静邃最宜歇憩。

绾波亭

在花港观鱼公园三道港汊汇合处，八角攒尖顶，七面设靠栏。一亭之立，碧波综束，故名“绾波”。

万山红遍

杭州花圃 ❼

西山路14号 87967427 游1、游2、游5路杭州花圃站

占地28万平方米，始建于1956年，原先主要是杭州市节庆、生活用花的生产基地，近年向生产—科研—游赏转型，已改建成时花广场，正在辟建水生花卉区、插花艺术馆、兰花生态园、木屋休闲区、温室花园、森林餐厅、绿色剧场等，营造为游人喜闻乐见的花卉文化大观园和休闲游乐园。

南山路和湖滨路

南山路，西起西山路、虎跑路交接口，东经玉皇山路口折北到湖滨路、解放路交接口，全长4300余米。再往北，为湖滨路，全长1300余米，路北端与北山路交接。南山路和湖滨路路基的大部分，20世纪以前是杭州西城墙的墙址，全路自南而北，有杭州旧城的西关门、钱湖门、清波门、涌金门、钱塘门等城门遗址。辛亥革命以后，这一带拆除城墙，辟为通衢大道，经过近百年的变迁和建设，沿路已经成为杭州城区与西湖风景区的交界线和交通主干道，而那些原老城门所在地，依然还是主要交通枢纽和游人集散地。

南山路上的历史遗痕

外地游客初来杭州，从市区前往西湖风景区，首先到达的往往就是南山路和湖滨路一带。这里有多座西湖游船码头，可以乘坐游船、画舫前往湖上游览，又可沿途漫步，纵眺湖光山色，游览大批风景名胜，同时又能领略杭城的街市风情。沿途还散布着园林式的滨湖宾馆和饭店，可以下榻、用餐、娱乐、购物、会友，实地体验并品味做三五天“杭州人”的滋味和乐趣。

本区名胜

●景区 · 公园
太子湾公园 ❶
湖滨公园 ❽
●故居 · 纪念馆
苏东坡纪念馆 ❷
张苍水祠墓 ❸
章太炎纪念馆 ❹

●寺庙 · 遗址
净慈寺（南屏晚钟）❻
雷峰塔遗址（雷峰夕照）❼
●墓葬 · 石刻
司马光家人卦刻石 ❺

南山路和湖滨路（含部分湖区）在西湖风景名胜区中的位置

图例说明

❶景点编码　游船码头
主要游船线路

交通路线

公交车K4路、K7路、游1线、游2线、游3线等均可选乘。湖滨路傍西湖东岸有多处游船、画舫和出租自划船码头。若步行或骑自行车，可兼睹杭州湖城结合区的独特风貌。

导览说明

本区游览重点是西湖十景中的“柳浪闻莺”（公园）、“雷峰夕照”（古遗址）和“南屏晚钟”（佛寺）。太子湾、长桥公园也各有千秋，尤以太子湾公园姿容最富。苏东坡、张苍水和章太炎等纪念馆祠，使人能深刻、切实地触摸到西湖的历史文脉与先贤踪迹。

◁南山路小景

太子湾公园 ❶

西山路南、九曜山北麓 ☎ 87971587 🚌 K4、游1、游2、游3路苏堤站 ⛴ 苏堤码头

太子湾公园地处西湖南岸的九曜山下，面积达57万平方米，西湖引水明渠自南而北穿越园区中部。山为屏，水为脉，山障水绕，气韵生动。全园划分为东、中、西三片景区：东部为望山坪，大草坪视野开阔，令人心旷神怡；中部琵琶洲高高隆起，玉露池波光粼粼，翡翠园参差毗接，相连成丘陵坡地，仿佛九曜山逶迤余脉；西部地势渐高，林木趋密，逍遥坡水池倒影添姿，一派山林野趣。

西式琉璃窗

成片栽植的郁金香争艳斗彩

野味十足的山中林地景象

图例说明

- 特色花园
- 观景点
- 亭
- 售票处
- 陵墓
- 博物馆美术馆
- 公厕
- 购物点
- 餐馆
- 公用电话亭
- 公交站点

望山坪	1	翡翠园	5
太极圆	2	逍遥坡	6
琵琶洲	3	引水碑亭	7
玉鹭池	4	瀑布	8

重要观景

★ 风车和郁金香

★ 太极圆

★ 水渠和石坎

★ 水生植物

★ 樱花

太子湾公园的精到之笔，在于利用引水明渠改造成的形态多变的水体。园中水系大的折弯多达几十处，分叉、聚合亦不下十多处，水道或与路同行，或绕丘而转，或平铺如泊，或曲折回环，聚散有致而不知所终。水道两岸，多自然缓坡，延伸入水，随意点缀石矶、石坎，坡岸密植宿根花卉和水生、湿生植物。六七座毛杉木坯筑就的小桥跨水而立，造型各异，充满返璞归真的山野情趣。同时，还引入了欧美造园素材与手法，如西式城堡、林中木屋、雕塑、风车等。更值得一提的是，年年春季，成片栽植的郁金香争艳斗彩，万紫千红，一片浪漫风情，成为杭州婚礼喜庆的热闹场所。

太子湾公园的风车置景

苏东坡纪念馆 ❷

南山路苏堤南口 87963684
K4、游1、游2、游3路苏堤站
苏堤码头

坐落在苏堤南端、小南湖畔，馆舍庭园小筑冶雅，楼栋轩昂，馆内外陈列诗、书、画、雕像、碑刻，展示中国历史上的文化伟人——苏轼的生平事迹和他留给西湖及后人的珍贵遗产。

苏东坡手书“表忠观碑记”刻石

苏轼像

苏东坡先后两次到杭州任职，与杭州结下了不解之缘，他深情地自称前世“本杭人”，把西湖妙喻为“西子(施)”，并感叹“淡妆浓抹总相宜”，“故乡无此好湖山”。纪念馆内，人们可以看到苏轼在杭州留下的诗文华章、书法题刻、钟情湖山的深情厚意和维护湖山的睿智远见。如今，每当人们陶醉于西湖佳山丽水而纷纷赞叹时，都会感谢和缅怀他——永远的苏东坡。

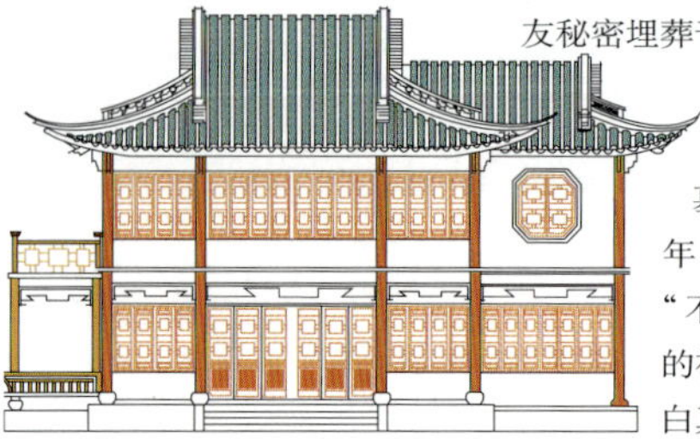
苏东坡纪念馆主建筑立面

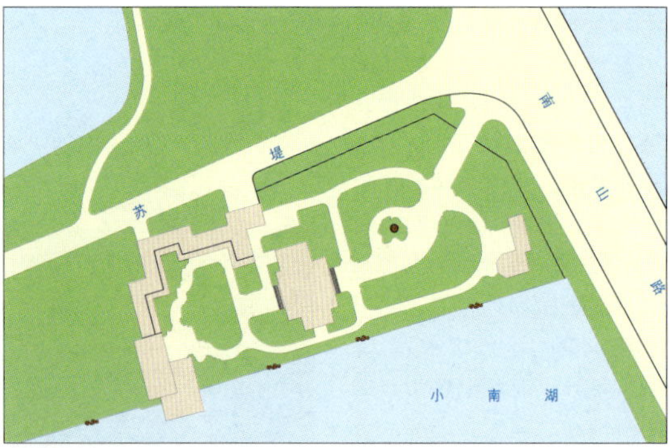

苏东坡纪念馆平面

道路 环湖绿化 湖面 苏东坡纪念馆建筑物

张苍水祠墓 ❸

南山路苏堤南口 87979245
K4、游1、游2、游3路苏堤站
苏堤码头 省级

清康熙三年(1664年)八月，因叛徒出卖而落入敌手的抗清名将张煌言（号苍水）英勇就义后，遗骸由挚友秘密埋葬于西湖南屏山麓，墓碑题称“王先生墓”。七八十年之后，这座“不敢留真姓”的神秘墓葬才大白真相于天下。

1985年，张苍水祠墓重建，祠堂前后两进，仿江南传统祀祠建筑格局而筑，祠前辟方形水池。正厅前为庭院，植翠柏，架古炮。正厅中设张苍水坐像，面容清癯，神态轩昂。厅堂内外墙、柱多题刻苍水诗作及后人颂念之匾、联。

张苍水墓居祠左，墓道宽敞，前段立“张公苍水墓道”青石坊，墓前排列石像生。墓丘有三座，中为大丘，墓碑文书“皇清赐谥忠烈明兵部尚书苍水张公之墓”，这“忠烈”两字，是乾隆四十一年（1776年）颁谥的。两侧较小墓丘，是随张苍水共赴国难的参将罗子木、侍者杨冠玉墓。南屏山麓，松柏掩映，忠魂长眠，英风浩荡。

张苍水祀祠内的坐像

张苍水

（1620—1664年）名煌言，号苍水，浙江鄞县人。明末，组织义军抗击清兵，曾与郑成功部联军入长江，下芜湖，围南京，威震东南。后因力量对比悬殊而兵败，隐居浙东海岛图谋再起时被捕。铮铮铁骨，誓死不降，临刑前，遥望湖上青山，昂首笑道：“好山色！”为西湖留下了掷地有声的万古名言。

章太炎纪念馆 ④

南山路苏堤口 87972985
K4、游1、游2、游3路苏堤站
苏堤码头 省级

坐落在西湖南岸，背倚巍巍青山，四周林繁草茂，馆舍建筑群后面是一片庄严肃穆的墓地，中国现代杰出的民主革命家、国学大师章太炎先生和夫人汤国梨女士安息在这里。

章太炎像

张苍水墓

章太炎墓前的鲜花

张苍水墓前石坊

章太炎纪念馆仿江南民居庭院而建，厅堂素朴，花木点缀，布展简练，融敦厚、深沉、雅洁于一体，风神独特。馆藏珍贵文物1000多件，资料、照片2000多幅，为国内收藏太炎先生相关实物、研究资料中心。

太炎先生生平最钦佩张苍水，曾说：“生不同辰，死当邻穴。”身后，终得与英雄为邻。1988年，墓前辟章太炎纪念馆。

司马光家人卦刻石 ⑤

南山路南屏山麓 参照章太炎纪念馆，步行 省级

在南屏饭店（旧小有天园）后、南屏山麓，摩崖题刻《易经》中“家人卦”一节，隶书12行，每字27厘米见方，有“右司马温公书”字样落款。但自南宋以来即有人怀疑是否确为司马所书。

净慈寺（南屏晚钟）❻

南山路56号 87975134 k4路净寺站，游1、游2、游3路南屏晚钟站

净慈寺，地处西湖南岸的南屏山下，与灵隐寺齐名，创建于吴越时期，南宋时评定为江南禅宗“五山”之一。寺内曾有中国佛寺最早的五百罗汉堂，日本曹洞宗信徒奉净慈寺为祖庭。

历史上，净慈寺屡遭兵燹、火灾，但都能一一兴复，殿宇规整宏敞，面貌历久弥新，这除了历代高僧大力主持寺内各项事务，获得佛俗各界鼎力相助外，还和佛学精湛的吴越高僧永明延寿担当首任住持（方丈）、南宋侠僧道济（济公）在此留下踪迹紧密相关。

“南无阿弥陀佛”照壁和放生池

净慈寺新年烧头香的人群

雷峰塔遗址（雷峰夕照）❼

南山路夕照山上 K4路净寺站，游1、游2、游3路南屏晚钟站 重建中 省级

雷峰位于净慈寺北、西湖南岸，山巅曾有吴越古塔雷峰塔和佛寺显严院。每当夕阳衔山时，水天一色，火珠将坠，霞光西照，塔、寺、林、峦金碧璀璨，倒映湖面仿佛明镜初开，那一派重彩浓抹、热烈奔放的氛围和意境，印象极其鲜明、深刻；而《白蛇传》神话故事中白蛇娘娘和雷峰塔的关系，更给这座佛塔增添了神秘、凄清的魅力。南宋时，“雷峰夕照”名列西湖十景。

明代中叶，雷峰塔遭遇入侵东南沿海的倭寇放火焚烧。灾劫过后，古塔仅剩下砖砌的塔身，通体赤红，有如酡颜醉翁，与西湖对岸宝石山上亭亭玉立的保俶塔风姿大异其趣，有诗人喻之为“宝石如美人，雷峰似老衲”。

1924年9月，雷峰塔残躯轰然坍塌，塔砖中秘藏的吴越雕版印刷本佛教《一切如来心秘密全身舍利宝箧印陀罗尼经》经卷等珍贵文物真形现露，轰动海内外，可惜，西湖十景从此因为雷峰塔的消失而残缺不全，西湖南岸的风景轮廓线也大为减色。

雷峰塔重建

2000年12月26日，重建雷峰塔奠基典礼在夕照山雷峰塔遗址举行，揭开了久别人寰的湖上名塔回归西湖的序幕。

重建的雷峰塔，既是原塔遗址的保护设施，又是可供游登赏景的楼阁式建筑。它选址于原所在位置，外观形制以宋塔为范本，共五层，通高71.96米。

重建塔的底层，作为原塔遗址保护层；第二至第五层外围，筑仿宋塔八面檐廊，塔内有与原雷峰塔和吴越文化、西湖风光相关的文化陈设如壁画、碑刻等。

2001年4月11日，雷峰塔遗址的考古进入了塔基地宫发掘的最后高潮阶段，随着神秘地宫和埋藏其中1000多年的铁函被打开，一批精美的吴越佛教文物珍品和工艺品呈现在人们面前，其中令人大开眼界的是银质鎏金佛螺髻发舍利塔和鎏金龙形莲座铜佛像。这些出土文物，将为重建后的雷峰塔提供珍贵的历史文化实物资料。

湖滨公园 ❽

湖滨路沿湖段 87027235 K7、25、K25、游1路湖滨站 湖滨码头

地处西湖东北岸、湖滨路以西，南北走向，为傍街沿湖的绿地公园，长达1000多米。湖滨公园湖岸迤长，视野开阔。晴日下，盈盈湖波一望千顷，下雨天，山影迷蒙，烟波浩荡，倘若是大雪初霁，或者是冰冻严寒，只见那银装素裹，玉砌琼山，又不免疑在梦中，疑入仙境。

晚饭后自发聚集在湖滨公园的戏剧爱好者

湖滨公园的浪漫夏夜

公园紧邻杭城闹市，不但是本地居民晨练、聚会的首选地，更享有西湖“窗口”和“大门”的美称，游人从这里登船上车，去往西湖各景点游览，或畅游归来，带着山翠，带着波痕，带着佛国的祝福，带着林壑的幽宁，带着众多前贤名流的题赞歌咏，在这里告别西湖。

未倒前的雷峰塔

靈鷲飛来

西湖北缘

西湖北缘，指紧靠西湖风景名胜区北部边界线的风景名胜和文物古迹，这里历史上常被称为“西湖北山”，既可看到峰峦起伏、林壑幽深，又有不少山谷盆地、开阔原野。

灵隐飞来峰造像

杭州市的前身钱唐县县治，最早就设立在本区“灵隐山”一带，经考古发掘，这一带出土了东汉时期的墓葬遗址，西湖上的佛教和道教，也都首先在这里辟建寺庙和宫观，开始传播和发展。这里，历史文化遗存和名胜古迹大量分布，诸如秦始皇留在西湖的遗迹秦皇缆船石、现存西湖惟一的道教宫观抱朴道院、享有“东南第一山”盛誉的东晋千年古刹灵隐寺、唐代营造的具有现代生态意识的植被景观九里云松、吴越始创的古建筑保❻塔等。游人可以在这里寻觅探访、盘桓终日。看够了西湖明媚潋滟的波光山影，游遍了北山路、西山路、南山路、湖滨路沿途那些近湖的园林、公园，当我们一步步走近并深入到这些历史文化遗存中，我们会真切、明晰地感受到，大好湖山，正因为有了历史的熏陶，有了文化的皴染，才会显得那么深厚，那么充实，那么富有。

本区名胜

●景区 · 公园

宝石山—葛岭景区 ❶
栖霞岭景区 ❺
黄龙洞（黄龙吐翠）❽
金沙港旅游文化村 ❼
玉泉 ❿
灵峰（灵峰探梅）⓫
九里云松 ⓮

●洞穴 · 石刻

秦皇缆船石（大石佛院造像）❷
三生石 ㉒

●寺庙 · 塔亭

保❻塔 ❸
抱朴道院 ❹
“双峰插云”碑亭 ⓯
韬光寺遗址 ⓰
灵隐寺 ⓬
下天竺（法镜寺）⓲
中天竺（法净寺）⓳
上天竺（法喜寺）⓴

●墓葬 · 故居

黄宾虹故居 ❻
林风眠旧居（纪念馆）❾

●山峰崇岭

飞来峰 ⓭
天竺路 ⓱
十里郎当岭 ㉑

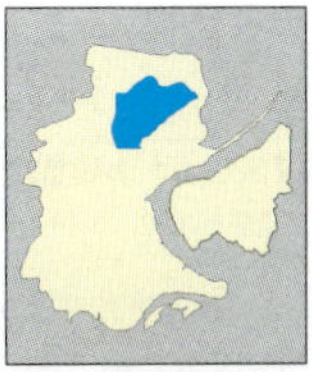

西湖北缘在西湖风景名胜区中的位置

交通路线

公交车K7路、K16路、27路、28路、K28路、游1线、游2线、游3线、游4线等经过或抵达。因名胜多分布在峰峦林壑深处，就近乘车然后步行是最佳选择。可由东往西，登宝石山、葛岭，经栖霞岭后前往灵隐、天竺，也可直达西部先游灵隐、天竺，再东返畅游栖霞、葛岭、宝石诸胜。

导览说明

本区首选非灵隐、飞来峰的佛国胜地莫属，另外如宝石、葛岭、栖霞诸山林的古迹，也可逐个寻访，九里云松、植物园、玉泉和灵峰，以极具个性的生态景观而各擅胜场，三天竺、郎当岭，前者佛味浓，后者野趣足，不可错过。

图例说明

❶ 景点编码

宝石山—葛岭景区 ❶

宝石山东南 K7、27、游2、游3路葛岭站，步行上山

宝石山位于西湖北岸，山高48米，山体属火成岩中的流纹岩和凝灰岩，略呈紫灰色。每当阳光照耀，岩石熠熠放光，故称宝石山，“宝石流霞”为新西湖十景之一。

葛岭与宝石山属同一山体，在宝石山的西面，相传东晋道教炼丹家葛洪曾在岭上修炼而得名。

宝石山和葛岭，犹如西湖北岸的一扇天然屏风，让游人无论是行走在白堤还是放舟在湖面，都能抬头便看见那古塔倩影，那翠微山色，那峥嵘岩峰，那一个个与西湖山水紧密相连融为一体的动人的故事和传说……

葛岭 位于西湖北岸，东接宝石山，山体由火山凝灰岩构成，地质地貌上与西湖其他山岭有很大差异。相传东晋高道葛洪曾隐居岭上炼丹修仙，岭上有他的炼丹台、炼丹井遗址，还有以他的道号抱朴子命名的道教活动场所抱朴道院。

抱朴道院南面的假山

秦皇缆船石（大石佛院造像）❷

宝石山东南麓 K7、27、游2、游3路葛岭站，步行上山 市级

石高约2米。相传秦始皇巡游到杭州，曾在这块大石头上系所乘大船的缆绳。南宋时，一位名叫思净的僧人把它凿成一尊半身佛像，所以又叫它大佛头，后世还建造起香火盛极一时的大石佛院，俗称大佛寺。据说，南宋末年大权在握的宰相贾似道，也曾用这块大石头作为绞动其专用盘车船缆绳的系缆石桩。

保俶塔 ❸

宝石山东南麓 K7、27、游2、游3路葛岭站，步行上山 市级

旧名应天塔、宝所塔，相传北宋初年为了保佑奉召进京的吴越国王钱镠能平安归来而建崇寿寺，造塔于寺内。塔身挺拔秀逸，有湖上“美人”之誉。现塔为1933年重建，高45.3米，是杭州西湖的标志性建筑之一。

保俶塔朝霞

抱朴道院 ❹

葛岭 87981489 K7、27、游2、游3路葛岭站，步行上山 市级

又称抱朴庐，位于葛岭山腹，相传为晋葛洪修隐、炼丹处，因葛洪自号“抱朴子”，故名。抱朴道院背倚山林，面向西湖，供奉葛洪和道教诸仙偶像，是西湖上惟一对外开放的道教活动场所。道院内外有许多道教色彩浓重的题刻和与葛洪事迹相关的古迹，恬静幽宁，别是一方天地。

炼丹井和炼丹台 在葛岭抱朴道院后山坡间，相传是葛洪取水、炼丹之处。

栖霞岭景区 ❺

栖霞岭 K7、27、游2、游3路岳坟站，步行上山

栖霞岭又名剑门岭，地处葛岭西头，古时岭上多桃花，花开时如云蒸霞蔚，故名。而今，桃花已经少见了，但入秋以后，岭上红枫似火，一派炽烈，仍有“栖霞”艳丽可采，依然令人目迷心醉。

栖霞岭南通岳飞墓庙，北到黄龙洞，东有宝云山，西为仙姑山，两山夹峙，一岭中行，形胜颇显险要，古人风水之说以为，这里是西湖胜景的关隘之地，因此官府曾发布禁令，常年不准采

抱朴道院的雪景

石砍树。南宋抗金名将岳飞父子以及部将牛皋、张宪等均埋骨于岭南段，至今，岭上有一座路亭横亘山道，石柱上镌有一副楹联：“美擅湖山，数胜迹重重，都向峰头观气象；地怜忠烈，溯游踪历历，偶来亭畔哭英雄。”栖霞岭，看似平常的山林景象下面，却蕴藏着西湖上一股令人热血沸腾、激情燃烧的好气质！

黄宾虹故居 ❻

栖霞岭 K7、27、游2、游3路岳坟站，步行 不定期

在栖霞岭南，是现代中国山水画大师黄宾虹晚年寓所并终老之地，现辟为“画家黄宾虹纪念室”。

黄宾虹故居

金沙港旅游文化村 ❼

灵隐路5号 87989888 K7、27、游1、游2、游3路玉泉站

金沙港旅游文化村

在灵隐、西山、曙光、北山四路相交十字路口西南隅，兴建于1991年，分为盆景园、水街、餐饮楼三大游赏休闲区块，有盆景园、人工叠石瀑布、三品精舍（品茶、品画、品石）、江南民间工艺表演作坊一条街、“食为天”快餐厅、风味餐厅与戏院合一的“千悦宫”等，圆形篝火烧烤场举行集体夜餐歌舞活动。

黄龙吐翠

黄龙洞(黄龙吐翠) ❽

曙光路 16 号 87972468 K16、21、K21、28、K28、游 5 路黄龙洞站

又名无门洞，地处栖霞岭北麓，茂林修竹，翠荫铺盖，奇岩幽壑，一派洞天福地气象。这里早先曾有天然水洞，如今已不存。南宋以来这里一直为佛寺、道观所据，相传是西湖五大祀龙点之一，1985 年改辟为山林公园，“黄龙吐翠”为新西湖十景之一。

黄龙洞主景区以一池碧水为中心，周围假山、亭台环绕。越过水池，一片苔痕常绿的岩石上露出一只鼓目、掀鼻、张口、翘须的黄色大龙头雕塑。龙口中吐出清泉，下注水池，水声丁东如奏乐。就在清泉入池处，一块峥嵘巨石兀立水中，两面分别镌刻唐代刘禹锡《陋室铭》中的名句“水不在深，有龙则灵”，点出景观的主题。

黄龙洞拥有一个绿色充盈、四季不衰的生态园林环境，“黄龙吐翠”的“翠”字，很大程度上得益于这里的竹景。竹多，笋也多，每到清明时节，小雨夜来，暖风晨吹，这里的路旁、山脚，到处有春笋破土而出，犹如唱响无声的生命礼赞之歌。

黄龙洞山门的楹联

黄龙洞入口处，保留了原先道观的山门，重檐翘角，两侧楹柱悬蓝底金字楹联：“黄泽不竭，老子其犹。”它用省略的修辞手法，巧妙地把“黄龙”二字一显一隐嵌入联文中。出句第一字就是“黄”字；对句则是“老子其犹龙耶？”(孔子称赞老子的话)的省略。楹联是说：从黄帝以来，道教如同深潭之水不会干涸，老子则像龙一般的伟人而得道成仙。藏字的修辞手法，又让人联想到“神龙见首不见尾”。

林风眠旧居(纪念馆) ❾

灵隐路玉泉路交界处

87969285 K7、27、游 1、游 2、游 3 路玉泉站，28、K28 路曲院风荷站 市级

为西式二层小楼。小楼外观清水砖墙，天然去雕饰，内部装修也多采用本色原材料。楼下客厅前伸，面积较大，设卧室等，楼上为工作室，楼上、楼下多悬挂字画。园内曾种植中国传统庭园花木梅、桂、南天竺、紫荆、凌霄等，又有棕榈、草莓、玉米等异国情调植物。1999 年，故居经重修后辟为林风眠纪念馆。

林风眠旧居

林风眠

(1900—1991 年)　原名林凤鸣，广东梅县人，当代绘画艺术大师、美术教育家。早年留学法国，1928 年在杭州创办国立西湖艺术院(后改名国立西湖艺术专科学校)，为首任院(校)长。林风眠迷恋西湖美景，提出杭州的精髓在于西湖，主张创造“美术之西湖”。

玉泉 ⑩

玉古路杭州植物园内

87961908 15、K15、28、K28路玉泉站

西湖众多的泠泠清泉中，桃源岭下的玉泉与虎跑、龙井并称三大名泉，玉泉以临水赏鱼独树一帜。

玉泉在地质学上属孔隙泉，它的出露，最早可追溯到南齐。相传，一位名叫昙超的高僧曾建寺于此。有一天他宣讲佛法，龙王悄悄来旁听，当讲得精彩、听得动心时，龙王爷也忍不住为之抚掌，顿时，脚下有清泉涌出，从此有了玉泉，泉旁佛寺称清涟寺。

南宋后期，玉泉成了西湖上与花港齐名的赏鱼胜地。明朝，用庄子与惠子观鱼濠上，争论人能否知鱼之乐的典故，称泉池为“鱼乐国”，后更由名书法家董其昌题写池额。入清，“玉泉鱼跃”被列为增修西湖十八景之一。如今，这里仍是临池赏鱼、羡鱼、逗鱼的绝好去处。

晴空细雨池

在玉泉庭园北部，是一口长方形水池，如果站在池边以脚蹬地，池水受震动，水底有成串的小气泡往上升，浮激水面，点点滴滴酷似雨点洒落池中。不明底细的游人每每会怀疑：天上丽日晴空，怎么会下雨呢？这种奇特景象，是由于玉泉本属山麓地洪积扇末端的孔隙泉，往往直接与空气相接，所以地下泉水中溶有空气，当它们涌出地面时，这些气体便从水中释放出来，生成许多小气泡，这就是“晴空细雨”的来历。当人们以脚蹬地时，地面发生震动，气体释放加速，于是小气泡就大量涌出了。

晴空细雨池

玉泉观鱼池（鱼乐国）

灵峰梅花

灵峰（灵峰探梅）⑪

杭州植物园北 87983011

15、K15、28、K28路玉泉站，步行

植物园北缘秦亭山麓的青芝坞中，吴越国时辟有灵峰禅寺，寺周围，林木葱茏，环境深窈幽静，自成一片天地。南宋时，这一带山谷中盛产有“江南荔枝”之誉的杨梅，初夏入山观果尝新形成风气。大约到明朝，灵峰的梅花开始兴盛，终于和西湖孤山，及市郊西溪，并称为杭州的三大赏梅胜地。

灵峰探梅占地12万平方米，布植约50个品种的梅花以及腊梅等，每年头三个月，当春的脚步轻轻叩响冰霜寒凝的大地时，腊梅、梅花，便在灵峰这方得天独厚的山间谷地次第吐蕊、含苞、初展、绽开。花影闪烁，暗香浮动。待到梅花共山花一起盛开时，春先西湖的灵峰，阵阵暖风中，饱含着花的香艳；汩汩山溪里，喧动着花的情韵；步步山道上，跳跃着花的欢乐。真是：满园春色关不住，枝枝红梅出墙来。

灵隐寺 ⑫

灵隐路西端 87968665 K7、游1、游2、游4路灵隐站 吴越经幢、吴越双石塔 省级

灵隐寺创建于东晋咸和元年（326年），坐落在西湖风景区西北隅的飞来峰和北高峰之间的山谷中，是西湖最古老的、现存规模首屈一指的佛教寺庙。

灵隐寺周围山林繁茂，溪涧萦回，寺前，北涧溪水潺潺流过，山水灵气蕴郁，殿宇宏敞庄严，佛像塑造精美，文物遗存众多，享有“东南第一山”的盛誉。

全盛时的灵隐寺，曾拥有九楼十八阁七十二殿，房屋千余间，僧众三千多人。这座古刹1600多年来屡毁屡建，历代统治者如吴越国王、南宋诸帝和清康熙、乾隆二帝，均对灵隐寺赏赐有加。现存的寺庙建筑是清末重建后的格局，近百余年来又陆续修复再建。中轴线上依次为天王殿、大雄宝殿、药师殿、法堂、华严殿。寺院内另有客堂（云林禅室）、联灯阁、大悲阁、紫竹林、如意斋、罗汉堂（云林藏室）等建筑。一大批毁圮已久的殿堂楼阁，正按当年格局和面貌逐一重建。

灵隐寺供奉的佛像，以天王殿的南宋樟木雕韦驮、彩绘泥塑四大金刚，大雄宝殿的佛祖释迦牟尼、海岛观音（五十三参）群塑及诸天塑像等最具观赏价值。

巍巍殿宇，森森古木，栩栩神像，陪伴着一大批文物古迹，如肇始于中唐的冷泉亭，五代时期雕造的石塔、经幢，南宋始建的翠微亭，明代复建的理公（开山祖慧理）塔，清代重修的春淙亭……寺内珍藏的佛教文物，则有古印度贝叶写经、东魏鎏金铜佛像、明董其昌写本《金刚经》、清雍正木刻本龙藏等，不胜枚举。

灵隐寺前飞来峰上，五代至元时期雕凿的石窟造像有300多尊，弥补了我国中原地区石窟艺术由唐末趋向衰落的缺陷，实为我国造像艺术的晚期珍品。

重要观景点

- ★ 理公塔
- ★ 飞来峰石窟造像群
- ★ 大雄宝殿和药师殿
- ★ 经幢和经塔
- ★ 释迦牟尼和五十三参彩塑

每年春季，大量香客涌入灵隐

◁ 大雄宝殿的释迦牟尼塑像

咫尺西天壁

为灵隐寺照壁，与原灵隐寺头山门所在的合涧桥相对。朱红底壁上，题书四个擘窠大字："咫尺西天。"意谓进入灵隐佛寺净土，离佛祖指点的西方极乐世界已经近在咫尺了，含有颂扬佛教和灵隐寺之义。这一带因此也被称作佛国"小西天"。

咫尺西天壁前熙熙攘攘的游客

理公塔

又名灵鹫塔、唐塔，位于灵隐飞来峰龙泓洞口，是灵隐寺开山祖师慧理瘗骨之塔。现存塔为明万历十八年（1590年）重建，六面六层，须弥座，塔周身镌刻、浮雕佛教经咒、造像、壶门及偈颂语等，顶冠宝刹。全塔由下至上逐层收分，造型简朴，为西湖明代佛塔珍贵实例。

飞来峰龙泓洞口的理公塔

灵隐寺北涧冷泉池旁的冷泉亭

冷泉池和冷泉亭

冷泉为灵隐寺前北涧中一股泉源，灵隐寺僧在涧中甃石为池蓄涧水，因称冷泉池。冷泉亭在冷泉池旁，四犄角重檐木结构，共有亭柱16根，设坐栏。冷泉亭为唐杭州刺史元萸始建，白居易曾题"冷泉"亭额并撰文《冷泉亭记》，从此声名卓著。当时亭建于冷泉池中，相传涧水大时可通舟楫，宋、明以来多次重修，明万历以后移建到岸上。

峰从何处飞来？

冷泉亭旧时亭柱有联语设问道："泉自几时冷起？峰从何处飞来？"清末大儒俞曲园（樾），一次同夫人来到冷泉亭，读了这副亭联，即口撰一联答道："泉自有时冷起，峰从无处飞来。"夫人却说："不如道：泉自冷时冷起，峰从飞处飞来。"言罢，夫妇俩大笑。

几天后，俞曲园的二女儿俞绣孙来俞楼探望父亲，俞曲园就告诉她前几日游冷泉亭和她母亲相与戏答亭联之事，并要爱女也试作一答联。俞绣孙素负才情，不让须眉，她略一沉吟，便道："泉自禹时冷起，峰从项处飞来。"俞曲园想，女儿撰的出句，用大禹治水三过家门而不入致使天下太平的典故，不难懂，但对句的"项"字，又作何解释呢？思之再三，不得不屈尊请教所以。绣孙说："不是项羽将此山拔起，安得飞来！"

原来，她用的是《史记》中项羽别虞姬时所唱"力拔山兮气盖世，时不利兮骓不逝"的典故啊！俞曲园不禁连连道好。

冷泉亭内景

春淙亭

春淙亭

原建于合涧桥，清乾隆初移建于跨北涧而建的回龙桥上。现亭为1933年再建，四角重檐攒尖顶，东、西敞通，南、北设靠栏和坐凳，亭名取苏东坡诗《灵隐前一首赠唐林夫》“灵隐前，天竺后，两涧春淙一灵鹫”句意，谓春雨潇潇，群山翠润，南北两涧水源茂盛，站在桥上，满耳但闻琤淙喧哗，春之声令人荡气回肠。

吴越石经幢

壑雷亭

在灵隐寺前冷泉亭西侧，歇山顶木构，四犄角共24柱，设有坐栏。此亭始建于南宋，清末明初两度重建，近年屡有重修。因春季多雨，溪水浩大，奔涌咆哮，有如壑底风雷轰鸣，亭名取此意而称“壑雷”。

吴越经幢

共两座，分立于灵隐寺天王殿大门前两侧，八面多层，由湖石雕造，为五代吴越国末期遗物。经幢下部为三层须弥座，束腰部位雕有佛像，其上为幢身，镌刻佛教《大随求即得大自在陀罗尼经》和《大佛顶陀罗尼咒经》，为行楷书。幢身之上为宝盖与腰檐，再上，有宝盖、宝珠、仰莲、短柱、伞盖、流云、覆莲、磐石等。磐石上雕有人首鸟身状的伽陵宾伽，作展翅飞翔迎面直下之势。居西侧的经幢经文后附刻建幢记文及移置灵隐寺缘起。

天王殿

又称金刚殿，为灵隐寺建筑群中轴线上现存的头进殿宇，因殿厅两侧有四座高大护法天王（金刚）像而名。

天王殿正中面朝大门为弥勒佛，袒胸露腹，一副皆大欢喜的福态；背对大门为韦驮立像，像高2.5米，神采奕奕，刚毅威武，用香樟木雕成，是南宋原物。四座天王塑像，俗称四大金刚，个个高大魁伟，身披重甲，除了头冠是一顶佛徒才戴的毗卢帽，全身都是中国古代武将装束。佛经上说，四大天王各有名号和职责：肤色枣红，执利剑呈凶相的是“东方持国天王”，能护持国家疆土；肤色朱红，执金龙（蛇）呈怒相的是“西方广目天王”，能维护人间安宁；肤色皙白，持琵琶呈笑相的是南方增长天王，能令人善根增长；肤色乳黄，持宝幢（像“伞”）握神乌貌和悦的是北方多闻天王，能赐人福禄鸿运。关于四大天王，另有四字可以概称，叫做风、调、雨、顺，这是中国典型的将宗教世俗功利化后才有的说法。

大雄宝殿

大雄宝殿

灵隐寺建筑群中轴线上的主殿，初名觉皇殿，明万历年间重建后改用现名。单层三重檐，飞檐凌空，气势巍峨，现存建筑为清末重建并经数度重修，殿高33.6米，高大宏敞名列国内佛寺前茅。

大雄宝殿正中，佛祖释迦牟尼高踞莲花宝座，妙相庄严，气韵生动，依唐代禅宗佛祖蓝本设计，由著名雕塑家邓白教授主雕。像通高19.6

灵隐寺中轴线上的天王殿、大雄宝殿和药师殿

米，佛身净高9.1米，以24块香樟木雕刻拼合而成。大殿两厢站立二十诸天，个个体态丰伟，姿容凝重，他们都是管领一方的天神，佛教自天竺（古印度）东传后，诸天已经汉化为中国式的神祇了。

大雄宝殿后壁两厢趺坐十二圆觉塑像，他们是佛祖的十二位大弟子，相传释迦牟尼的十二部佛经，就是经他们之手整理出来的。

大雄宝殿的背壁，是一座“五十三参”彩色泥塑壁雕，也称“海岛观音群塑”。这件大型壁塑有姿态各异的大小神像150尊，表现了佛教传说中善财童子历经千辛万苦参拜五十三位“善知识”（名师）终成正果的故事。

五十三参彩塑

“五十三参”故事源出《华严经·入法界品》。善财童子南游时，历经千辛万苦，参拜了五十三位“善知识”（名师），终于修成正果。群塑中，身挂肚兜、面朝观音菩萨施礼的小孩塑像就是善财童子，他是福生城“长者”之子，因出世时家中宝物涌现，故起名叫“善财”。

文殊菩萨（居壁塑左端骑狮子者）路过福生城，见善财有慧根，便点拨他求取“智慧”中的“差别智”，须往南游历一百一十城、参拜五十三位“善知识”。善财依言而行，乘坐“慈航普陀”小船（壁塑右下侧之舟），在观音菩萨（第二十七“参”）所扮艄公的考验、指点下，克服了惊涛骇浪的凶险，镇慑了青面獠牙的夜叉，继续参拜了正趣菩萨、弥勒菩萨、普贤菩萨等二十六位名师，直达南海补怛洛迦山（又名光明山、海岛山，一般指今浙江普陀山），终于因肯下苦功，蹈尽险阻、备尝艰辛而得成正果。

五十三参壁塑中，还出现了与佛经所述故事无关的人物形像，如居中最高处的苦行僧，是在雪山修道时尚未成佛的释迦牟尼，又如日神、月神、托塔天王、韦驮天尊、四大天王、十八罗汉等。释迦牟尼下方，还有一尊是以九华山为道场的地藏王菩萨，虽然他也不在五十三参之列，但由于有了他的显身，佛教“四大名山”就在这块壁塑上齐全了（另三山是普陀山观音道场、五台山文殊道场、峨眉山普贤道场）。由此可见，五十三参虽然源出佛经，但在长期的演变、再创作过程中，已经融入了中国民间艺人、民间传说的加工发挥，具有了相当浓重的人间关怀和世俗影响，其艺术魅力远远超越了单纯说教的范畴。

虔诚的烧香客

药师殿匾额

药师殿

在灵隐寺建筑群中轴线大雄宝殿之后，面阔五间，进深三楹，单层重檐歇山顶，1991年重建成。殿正中供奉药师佛，两旁为日光、月光菩萨，东、西两厢分立十二药叉大将。

五百罗汉堂

2000年10月，灵隐寺复建罗汉堂落成，位居大雄宝殿之西，规模之大，在国内首屈一指。堂内陈列锡青铜铸造的五百罗汉坐像，各高1.7米，底座平均宽1.3米，重约4吨，容貌、表情、体态、姿势各异，造型生动。罗汉们栖身的龛橱，平面排列组合成“卍”字状，游人和他们一个接一个“相识”时，饶有兴味。

吴越双石塔

始建于北宋建隆元年（960年）或稍后，当时的吴越国王钱弘俶大规模重建灵隐寺，立石塔四座，这是幸存的两座。双石塔以白石精工雕琢砌造，东西对峙，塔身八面九层，为仿木结构楼阁式实心塔，高达11米。塔刹已毁，塔基呈莲花状，底层镌刻《佛顶首陀罗尼经》；每级边长自下而上逐级收缩，各级斗栱承托腰檐平座，出檐较深，翼角徐翘，壁面都雕造有壶门；一、二级和门两侧有形态各异的佛及菩萨塑像，第三级壶门刻有水波云纹。塔四壁镌有佛教经变故事。

飞来峰 ⑬

灵隐寺对面 国家级

灵隐寺前飞来峰，海拔167米，山体由石炭系石灰岩构成，山虽不高，却与周围砂岩群山不但地质构成上迥然不同，更以它那奇特风貌独标风韵。相传，灵隐寺开山祖师慧理初见此峰，失声惊问道：“天竺灵鹫峰，何时飞来此地？”从此，“飞来峰”美名擅胜湖上。

飞来峰山崖，遍布五代以来佛教窟龛造像，共有340余尊，它是记录和保存宋元时代我国佛教造像艺术的瑰宝。

飞来峰石刻造像

飞来峰岩溶洞壑如龙泓、玉乳、射旭、呼猿等，都极富传奇色彩。山上怪石似矫龙，似奔象，似卧虎，犹如一座石质动物园；老树古藤盘根错节，岩骨暴露峰棱如削。难怪明代袁宏道赞叹：“湖上诸峰，当以‘飞来’为第一。”时代稍后的中国伟大旅行家、地理学家徐霞客来游杭州，也专程到飞来峰细致考察，并将见闻写入他著名的《游记》中。

弥勒佛造像

文殊菩萨造像

弥勒佛造像

位于飞来峰北麓，飞来峰石窟造像代表作之一，南宋时期雕造。全龛共有大小造像19尊，龛顶呈弧形，宽9.9米，中部高3.3米，两边高1.5米，本尊为弥勒(布袋和尚)作席地而坐姿态，肥头大耳丰颊，跣足屈膝，袒胸露腹，一副喜笑自若其乐融融的福相，夸张而又真切。

弥勒周围，聚拥着姿态各异的十八罗汉，形体比本尊小得多，他们有的背荷锡杖，有的执持如意，有的舒展经卷，有的手托宝塔，有的蹦跃静坐，有的合掌拱立，表情丰富生动，形象鲜明传神，与处在中心的弥勒相互呼应，形成极富感染力的艺术效果。

飞来峰石刻造像

布袋和尚

弥勒，又称慈氏菩萨，民间多称布袋和尚，杭州方言叫他“哈喇菩萨”。传说他先为婆罗门子，后成为佛徒，先于释迦牟尼入灭，归入兜率天内院，经四千岁（相当人间五十六亿七千万岁）后降生人间，在华林园龙华树下成佛，弘扬佛法，被看做是主改天换地之佛。

中国民间，以五代时僧人契此为弥勒化身。据说，他是今浙江奉化人，常携一空布袋四处游走，露腹而行，随地食宿而从无灾累，开口即笑而示人吉凶无不灵验。两宋以后，江南一带多有他的故事流传，百姓常画其像而供奉之。

青林洞

位于飞来峰东北麓，又名金光洞、青林岩，有暗洞与龙泓洞、玉乳洞、射旭洞等相通。古时灵隐寺前林岩葱茏，洞窟上方遍布楮树、桂树，凌冬不凋，四季常青，洞名由此而来。洞内外多宋、元题刻，洞中有巨石，名“济公床”。民间传说，侠僧“济公活佛”偷吃狗肉后醉卧于此。

龙泓洞

位于飞来峰西北麓，又名通天洞，相传东晋时，葛洪曾修炼得道于此。洞壁有佛教罗汉造像，多存历代题刻。

呼猿洞

位于飞来峰西北麓，洞口窄小，入内宽敞，若干部位因狭隘崎岖而无法进入，全洞情况至今尚未探明。相传，灵隐寺开山祖师慧理曾养黑白猿各一头，南朝智一禅师也曾畜猿于灵隐山林间，宋朝灵隐寺方丈瞎堂禅师不但养了一群猿，还为它们量体裁衣，穿戴得衣冠楚楚，被人雅称为“猿父”。清初寺僧曾目击白猿、黑猿活动于飞来峰上下。离奇传说给呼猿洞蒙上了一层神秘的面纱。

射旭洞（一线天）洞口

射旭洞（一线天）

位于飞来峰西北麓，为飞来峰自然奇观“一线天”所在处。入洞可仰窥洞顶一线天

翠微亭

在灵隐飞来峰西侧山腰，重檐四角攒尖顶，始建于南宋绍兴十二年（1142年），题名刻石尚存，称为韩世忠所建。相传韩世忠愤于岳飞以“莫须有”罪名被害，借岳飞《登池州翠微亭》诗，命名此亭为“翠微”，寄托怀念之意。现亭为清末杭州藏书家丁丙重建。

刘大白墓

在飞来峰呼猿洞旁，平面圆形。“文革”中遭毁，1990年重修。

刘大白

（1880—1932年）原姓金，浙江绍兴人。清末曾参与反清、反袁（世凯）活动，“五四”时期致力于白话诗文创作，为当时著名新诗创作代表人物之一。他在写杭州山水的名篇《西湖秋泛》中吟道：

> 苏堤横亘白堤纵，
> 横一长虹，纵一长虹。
> 跨虹桥畔月朦胧，
> 桥样如弓，月样如弓。
> 青山双影落桥东，
> 南有高峰，北有高峰。
> 双峰秋色去来中，
> 去也西风，来也西风。

青林洞济公床

九里云松 ⑭

灵隐路中段沿线　K7、游1、游2路九里松站

九里云松地处灵隐路中段到灵隐寺一带，是杭州最古老的生态景观之一。早在唐开元年间，杭州刺史袁仁敬就组织人员在这里的大道两旁种植大批松树，每边各三行，绵延直达灵隐寺、天竺寺山门前。到南宋时，松荫夹道，中途建有坊门，题额称“九里松”。元朝时仿南宋西湖十景品题钱塘十景，“九里云松”名列其中。

一千多年来，九里云松几度兴衰。1950年以后，陆续栽种马尾松、黑松、火炬松以及国外引进的松树，松林带外侧辅种槭树等色叶树种，林带下部地面又种植杜鹃等花和灌木，春、秋五彩斑斓，夏日浓荫泼绿，冬季犹自生机勃勃。

“双峰插云”碑亭

“双峰插云”碑亭 ⑮

灵隐路洪春桥堍　K7、27路洪春桥站，游1、游2、游3路双峰插云站

碑亭六角攒尖顶，亭中竖清康熙帝题书“双峰插云”景名碑。

南高峰和北高峰，是古时西湖群山中盛名一时的佛教名山，山顶都建有佛寺、佛塔。春秋佳日，岚翠雾白，塔尖时隐时显，自西湖舟中远观，景观独标一格。南宋时，“两峰插云”成名并跻身西湖十景之列。清代以后，两峰佛塔或圮毁或遭雷击，仅余塔基，终致堙废，“插云”景观名存实亡。清康熙帝品题名胜时，改两峰插云为双峰插云，以足西湖十景全数，杭州地方官府竖碑建亭，故景目尚存，景观内涵则迁演成登高眺望湖山大观，而以赏秋山红叶、览霜天清肃为佳。

西湖四周群山耸翠

韬光寺的石壁残刻

韬光寺遗址 ⑯

北高峰山腰　K7、游1、游2、游4路灵隐站，步行上山

始建于中唐，创建僧人法号韬光，与杭州刺史白居易是好友。寺前竹木浓荫，一派古雅幽宁的山野情韵和生气蓬勃的自然风光。寺中殿堂厅舍依崖结屋，参差高下，凌空耸立，气势不凡。今遗址经改建依然敞厅亢飞，亭阁相望，当年韬光禅师养植金莲的金莲池和白居易汲水烹茗与高僧论诗的烹茗井都在。遗址高爽处的观海亭楹柱上，有初唐诗人宋之问的名句：“楼观沧海日，门对浙江潮。”

香市红烛

天竺路 ⑰

北起灵隐寺咫尺西天照壁，南至上天竺法喜寺 参照灵隐寺，步行

全长2000多米，一路上青山叠翠，溪涧潺潺，小桥人家，竹林茶园。五代时，吴越王钱元瓘资助僧道诩创建观音看经院（上天竺寺前身），派兵夜以继日地修出这条山道。古往今来，它一直是西湖香客云集之地，也是上十里郎当岭的必由之路。

天竺香市

天竺路一带的山岭，古时称灵隐山和天竺山，是杭州佛教的发祥地。至今，除了灵隐古刹，一路上还有创建于东晋至五代的三座大佛寺，即法镜寺、法净寺、法喜寺，通称下、中、上三天竺，都以观音道场闻名，拥有江浙一带的大量香客和施主。每到春天，朝山进香的游客成群结队前来礼佛，形成著名的“天竺香市”，有“香汛”之称，被列为清雍正增修西湖十八景之一。

西湖香市盛况，不独三天竺这样，这里却堪称高潮。近年，“天竺香市”大有重振之势，尽管还留有旧时习俗的某些残痕，但已注入了新的内涵，许多人无非来图个吉利，更主要是为览赏西湖春色，寻找出门旅游带来的欢乐和享受。

下天竺（法镜寺）⑱

天竺路北端 87986198 参照灵隐寺，步行，或游4路三天竺站

始建于东晋，屡经兴废，两宋和清代为全盛时期，南宋嘉定年间评定江南教（佛教天台宗）、禅（佛教禅宗）“五山十刹”时，名列“教院五山”第二，仅次于上天竺。清乾隆二十七年（1762年）赐额“法镜寺”，1982年以后复建。现建筑中轴线上有天王殿、大雄宝殿、药师殿，其中药师如来坛按《药师经》仪规设计建造。现为西湖上惟一的比丘尼女众寺院。

鱼篮观音的传说

下天竺寺以“鱼篮观音”道场著称，观音为一手提竹篮，篮内盛有金色鲤鱼的妇人形象，源出民间传奇《追鱼》。相传，鲤鱼精不甘水底寂寞，变成美女冒名顶替与书生张真结为夫妇。后女方向包公告状，包公将此案转交城隍办理，城隍识破真伪，请玉皇大帝捉拿。危急之际，鲤鱼精念观音名号，得到观音原谅，收为门徒，脱离了苦难，后来就成了鱼篮观音。

法镜寺天王殿

法净寺檐饰局部

中天竺（法净寺）⑲

天竺路中段 87961048 参照灵隐寺，步行，或游4路中天竺站

始建于隋开皇十七年（597年），开创人相传是具有浓厚神话色彩的印度千岁高寿僧人宝掌禅师。南宋后期，寺院达到鼎盛。

中天竺供奉白衣观音。白衣观音左手持莲花，右手作与愿印，也有左手携童男、右手持如意的美貌妇女形象，相传此为观音“不老相”，示众生得获长寿。清乾隆三十年（1765年），中天竺赐题“法净寺”，之后灾难频频，1982年后得以恢复。

上天竺（法喜寺）⑳

天竺路南端 87986176 参照灵隐寺，步行，或游4路上天竺站

始建于五代后晋天福四年（939年），初名天竺看经院。居三天竺之首。

北宋年间，改名灵感观音院，书法家蔡襄题书寺额，高僧元净法师（即苏东坡密友辨才）担任住持。“寺不在老，有观音则灵”，灵感观音院一路扶摇直上，经受了金兵铁骑南下的战乱，南宋时达到登峰造极的地步，成为西湖佛寺之最，又被朝廷品题为江南教院五山之首。乾隆十六年（1751年）御题改名法喜寺，但从此一路滑坡。“文革”时成为工厂车间。1981年以后复建，清代榜书名手汪于高题写的“观自在菩萨”五个大字重显于照壁，堪称西湖题壁之冠，供奉灵感观音像的主殿圆通殿、天王殿等都已修复。如今，当人们沿着山道，穿越三天竺“小西天”而步入煌煌古刹上天竺法喜寺时，无论你是虔诚的信徒，还是平常心的凡胎，都会被眼前这焚香燃烛、同声念佛的情景所吸引和感动。

法喜寺“观自在菩萨”照壁

法净寺殿宇建筑一角

灵感观音院的由来

北宋咸平（998—1003年）初，浙西大旱，杭州知州张去华到此焚香求雨，居然一举“灵感”得手，天降沛霖。从此，这里的“灵感观音”名声大噪，传遍江南，来此祈晴雨、禳灾祸、求福安之风愈行愈盛，竟成为杭州地方上近千年风行不衰的习俗，不但促成了三天竺尤其是上天竺的兴旺发达，也促成了天竺香市的形成和发展。

十里郎当岭 ㉑

上天竺至云栖段山岭 参照灵隐寺，沿天竺路步行，或游4路上天竺站，步行

南起五云山巅，北抵上天竺寺以东山麓，全长约4000米（连岔路、支道在内超过6000米），为西湖山岭古山道现存距离最长、地处最高者。

郎当岭又名扪壁岭，自古以险峻难行著称。“郎当”的意思，指只有血气方刚、力强胆壮的年轻汉子（郎），才可担“当”攀越这段“左迫峭嶂，右临深溪，缘木攀萝，方可举趾”的山道的重任。南宋以来，主要由于朝山进香的香客往来践行，加以佛俗人等募缘捐修，郎当岭上渐渐形成傍山脊、穿林壑的宽敞道路，且大部分为石阶、块石路面，沿途经过高峻山峰和幽深岫壑，可见到梅家坞、龙井等自然村落，既可坦荡迤行，纵目眺望山林茶乡景色，又能出没林莽，尽享自然野趣，是西湖“另类”风情的游览路线。

三生石 ㉒

下天竺西侧 参照灵隐寺，步行，或游4路三天竺站

因唐代李源与僧人圆泽的传奇故事而得名。石体巉岩如削，高大峭拔，镌“三生石”及记文等。石周围另有岩石高下散落，颇有石林之致，并有元、明以来摩崖题刻多处。

十里郎当岭

一诺奇缘三生石

据宋人《太平广记》载，唐朝洛阳文人李源和僧人圆泽是好朋友。有一年，他俩同游峨眉山，船到南浦（今武汉市南），圆泽忽见一妇女负瓮汲水，顿时怏怏不乐，即与李源告辞。李源惊问其故，圆泽指着汲水妇人说：“此妇已孕三年，我不来，故不得分娩。今既见，不可逃脱了！生儿三日沐浴时，愿公临门，我以一笑为信。后十三年中秋月夜，当与公重逢于杭州。”言罢，竟圆寂而逝。李源既悲且疑，三日后往妇人家探视，果然已育儿，且婴儿一见李源，果然展眉露出笑容。

13年后，李源信守诺言，专程来杭州践约。在一个月白风清之夜，他徘徊踯躅于莲花峰下巨石之旁，期待着与圆泽重逢。正在神思恍惚之际，忽有牧童骑斑牛缓缓来到眼前，口上唱竹枝歌道：“三生石上旧精魂，赏月临风不要论。惭愧情人远相访，此身虽异性常存。”李源听得歌词，上前欲诉别来思情。那牧童一见就说：“李公真信士也！”接着又唱一首竹枝歌：“身前身后事茫茫，欲话因缘恐断肠。吴越山川寻已遍，却回烟棹上瞿塘。”唱毕，策牛奔入烟霭月色之中，不知所终。

从此，“三生石”的名称和故事就传扬开来，历代拿来编传奇、撰戏本。如今，成为男女情侣们前来寻访留影、信誓旦旦、重温旧梦的神圣之地。

西湖西南缘

西湖西南缘，指西山路以西、风篁岭以南直至牛坊岭、梅家坞一带以山林为主的游览区。这里群山起伏，峡谷深长，不但是幽壑古洞、佛寺遗迹较为集中之地，而且“高山云雾出名茶”，云山腹地分布着龙井问茶、虎跑梦泉、九溪烟树、满陇桂雨、云栖竹径五大景区，占了新西湖十景的一半。

弘一大师之塔

龙井和虎跑，都是由千年古刹演变而来，其中的佛教文化遗存可以细细寻觅和品味。龙井茶叶与虎跑泉水，尽管与佛教关系密切，但明显地蕴含着更多的人文关怀，它们之所以并称“西湖双绝”，根本原因在于和人的现实生活联系紧密。到龙井、去虎跑，始终是西湖游客难以抗拒的诱惑。九溪和满觉陇的共同之处，在于它们不但同处山岭谷地，而且还都有良好的植物生态景观。九溪多树，满觉陇遍植桂花树，号称湖上“金粟世界”；九溪多水，有道是“万壑争流下九溪”，满觉陇多洞，烟霞、水乐、石屋诸洞无不各具风采，引人探幽。至于云栖竹径，位居新西湖十景之首，距杭州市区最远，滚滚红尘之外，萧萧翠竹之中，多少风景的梦和梦的风景，等待人们的涉猎、沉浸和采撷！

这里还有青山间历代名流的长眠之地、峰岩旁匠心巧筑的楼台亭阁、山际变幻无常的霞光晚照、林下口口相传的美妙传说……西湖西南缘，就是这样一块神奇的土地。

本地名胜

●墓葬 · 石刻
俞曲园墓 ❷
大麦岭摩崖题记 ❸
南天竺辛亥革命烈士墓群 ❹
一片云 ❽

●洞窟
烟霞洞 ❿
千人洞 ⓫
水乐洞 ⓬
石屋洞 ⓭

●景区 · 公园
龙井（龙井问茶）❼
虎跑（虎跑梦泉）⓮
杭州动物园 ⓰
九溪（九溪烟树）⓱

●山峰 · 村落
南高峰 ❾

●故居 · 纪念馆
于谦墓祠 ❶
浙江辛亥革命纪念馆 ❺
中国茶叶博物馆 ❻
李叔同纪念馆 ⓯

西湖西南缘在西湖风景名胜区中的位置

交通路线

本区范围大、山林多、路途远，深入云山胜迹需要步行，必须乘车和步行相结合。根据游客所在位置和目标安排行程，可选乘公交车K4路、27路、游1线、游3线、游5线等。

导览说明

本区既可寻谒于谦（墓祠）、李叔同（纪念馆）、陈三立、史量才、陈布雷（均为墓葬）和周恩来（纪念室）等历史名人，又能领略龙井、梅家坞和中国茶叶博物馆的茶文化风情，更有新西湖十景中的“云栖竹径”、“九溪烟树”、“虎跑梦泉”、“龙井问茶”和“满陇桂雨”，以及南高峰、五云山，任你相识相知。

于谦墓祠❶

三台山路 87962534 游1、游5路空军疗养院站，步行，或K4路赤山埠站，步行 省级

于谦墓祠分为墓区与祠庙区。1998年重修，墓前重置石像生，祠内陈列于谦事迹浮雕壁画和书法、绘画以及明代兵器、官服等。于谦墓祠与岳飞墓庙并称，古人诗曰："赖有岳于双少保，人间始觉重西湖。"

于谦祠一角

俞曲园墓❷

三台山右台山麓 参照于谦墓祠 市级

俞樾生前在此购地，作为他本人和夫人百年之后埋骨之用。俞樾与夫人姚氏伉俪之情甚笃，光绪五年（1879年），姚氏先俞而卒，俞樾在她墓旁筑屋三间，为夫人守墓，名"右台仙馆"。清光绪三十三年（1907年），这位善良正直、驰名中外的学者长眠于老伴的墓旁。"文革"中，俞曲园墓被毁。1976年，远在北京的俞樾曾孙俞平伯委托杭州的亲友重修。

俞曲园墓

大麦岭摩崖题记

大麦岭摩崖题记 ❸

浙江宾馆内 27、游3路双峰站，步行 省级

这里古时曾是去灵隐、天竺进香礼佛必经之地，现大部分已被圈入浙江宾馆内。这块摩崖题记，是北宋元祐五年（1090年）杭州知州苏轼（东坡）与朋友王瑜、杨杰、张琦等人游天竺经过时留下的题名刻石，为西湖上仅存的苏东坡手迹。

南天竺辛亥革命烈士墓群 ❹

风篁岭麓 27、游3路南天竺站，步行 省级

古时候这里有颇具规模的佛寺——崇恩演福教寺，清末以后佛寺渐废。周围修篁如云，山岚翠微，环境清雅，俗称南天竺。1964年后，原在西湖孤山、葛岭一带的民主革命先烈墓葬群陆续迁至这里，组成浙江辛亥革命烈士墓群。1991年墓园内新塑辛亥英烈群雕像，并建“国魂不死”花岗岩纪念碑、浙江辛亥革命纪念馆。

徐锡麟

（1873—1907年）字伯荪，浙江绍兴人，光复会会员。1905年在绍兴创办大通学堂，后秘密组织、发动反清武装斗争。1907年与秋瑾等相约起义，于安庆枪杀满清安徽巡抚恩铭，失败后惨遭杀害。

陶成章

（1878—1912年）字焕卿，绍兴人，光复会创始人之一，同盟会成员。1911年在上海响应武昌起义，后被暗杀。

浙江辛亥革命纪念馆 ❺

南天竺辛亥革命烈士墓园内 87970469 27、游3路南天竺站，步行

陈列介绍辛亥革命前后浙江省反清志士的斗争历史。展览分“钱江涌起革命潮”、“光复会的成立”、“光复会皖浙起义”、“辛亥年浙江光复”等部分。

陶成章墓

“国魂不死”纪念碑

浙江辛亥革命纪念馆

中国茶叶博物馆 ❻

龙井路双峰 87964221 27、游3路双峰站

茶，是一种饮料，茶文化，则是一种境界，一种只有当人与自然相互沟通、相互默契，乃至相互欣赏之后才能达到的审美理想境界。有缘达到茶文化境界的山水客，往往会到名茶所产地，一面览赏胜景，一面用当地天然优质山泉，沏泡、品饮、体味那一款款名茶，视之为人生在世莫大的赏心乐事。浙江是中国的产茶大省，几乎所有山水名胜之地，都有品质非凡的名茶生长、出产，西湖，更是享誉全世界的绿色金子——“西湖龙井”茶的原产地。位于“西湖龙井”茶乡双峰村的中国茶叶博物馆，正是营造和展示茶文化境界的我国目前最大的专题博物馆。

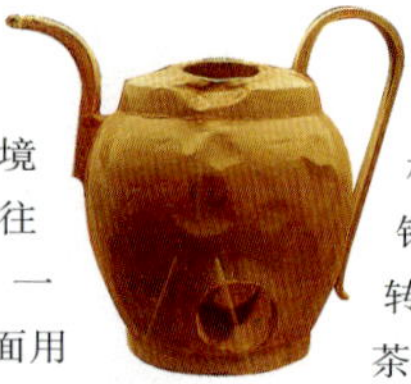
民国大茶壶

中国茶叶博物馆占地约3.7万平方米，周围，满山茶园鳞次栉比，田园与青山相连；馆内，楼、厅错落分布，曲径回转相通，芳草萋萋，茶蓬青青，花姿绰约，树影扶疏。馆内设有：陈列楼，以实物、图片和文字资料向人们介绍茶的历史、茶类名品、茶事活动、茶结情谊、茶饮器具、茶饮风俗等；风味茶楼，供应品类繁多、特色鲜明的各地茶饮、茶食；民族风情茶楼；国际茶文化交流中心，与海内外茶学界、茶叶经营企业、茶文化团体和茶界名流共同切磋、交流茶文化的场所。

茶圣陆羽像

龙井（龙井问茶）❼

龙井路风篁岭上

87964286 27、游3路龙井茶室站

龙井，有老龙井和龙井之分。老龙井，位于西湖乡龙井村，是九溪十八涧的西源；龙井，位于风篁岭上。老龙井和龙井周围的山岭坡壑，盛产“西湖龙井”绿茶。清明、谷雨时节，满山新绿耀眼，到处茶香沁人，可谓春游西湖的第一等享受。

龙井泉水澄澈，水质清洌，水源茂盛，与虎跑、玉泉并称西湖三大名泉。早在三国东吴时期，泉源已被发现。后因到此祈求上天降雨每每灵验，于是世人以为泉井与东海相通，是龙王“别墅”，所以名之为龙井。

北宋时，老龙井旁建起了佛寺寿圣院，俗称龙井寺，香火日盛。杭州太守苏东坡和寺内高僧辨才经常一起品茶、吟诗，留下一段佳话。这里种茶的历史，大约也从那时开始。

明朝时，龙井寺迁建到风篁岭上龙井旁。到清朝，乾隆帝多次来龙井寺游赏和品茶，品题了龙井八景，至今能寻访到过溪亭、一片云、涤心沼等胜迹。相传他还封了龙井村里十八棵“御茶”。从此，龙井寺和“西湖龙井”茶叶声名鹊起，传遍天下。到了近年，游客纷纷慕名而来寻访，“龙井问茶”被评为新西湖十景之一。

龙井看“龙须”

龙井四字茶经

品 “西湖龙井”茶叶，享有“绿色金子”的赞誉，形美，色绿，香清，味淳，采制于清明之前的称为“明前”，采制于谷雨之前的叫做“雨前”。这两“前”，是“西湖龙井”的极品。每一颗茶叶，宛如一枚雀舌，色泽绿中带黄，有一股豆花的清香，虽然不很浓郁，却有幽幽的淡雅风格，平凡中显出高贵。冲泡后，颗颗茶叶徐徐舒展，仿佛朵朵绽开的兰花，呷一口茶水，齿颊留芳，回味不绝。游龙井，尝新茶，如果没有亲口品过“明前”、“雨前”，还是虚行一场，不能算真正到过龙井！

龙井茶冲泡

买 买一点“西湖龙井”回去馈赠亲友，是许多朋友的愿望。可是，大家又都怕买的不是正宗“西湖龙井”。要避免上当，办法还是有的。一是要认准品牌，正宗“西湖龙井”的外包装上都使用国家颁发的商标和防伪标识。二是要找准卖方，要找那些上档次、有信誉的商家，尽量少到“游击队”式的摊贩那里购买，更不要贪便宜随便掏钱买拦路兜售的茶叶，那种茶叶可说没有是真的。三是设法请杭州本地的熟人代买，当然这需要事先安排。总之，凡名贵特产，必有水货赝品企图鱼目混珠。当您还吃不准的时候，宁可不买，也别心存侥幸碰运气。悠着点！

藏 茶叶最怕的是受潮，一受潮，色香味全被糟蹋了，再是极品，也会变得索然无味。茶叶防潮，须用新鲜的生石灰（或干燥剂）装袋后，与茶叶一起放入可以密封的陶瓷类容器，最好在梅雨季节后，将生石灰更换一遍。茶叶是干货，吸收能力极强，因此切忌和其他物品尤其是带有浓烈气味的物品一起存放，否则会很快感染，以致茶叶的香、味丧失殆尽。

级 “西湖龙井”不但注重采制时间，而且还以产地细分档次级别。一般认为，龙井村中狮峰所产为最佳，村内与周边一带次之，云栖山谷林泉茂密处居第三，虎跑、上满觉陇一带山中所产算“老四”，梅家坞以南采制的能排上第五。除了这“狮、龙、云、虎、梅”五级外，其他地段所出产者只能屈居等外了。可见，真正上档次的“西湖龙井”茶叶产量有限。物以稀为贵，其身价不菲可想而知。

满觉陇茶园

龙井十八棵御茶

位于龙井村狮峰山脚旧胡公庙旁，相传是清乾隆皇帝游龙井时品尝新茶后御封的。这里的土壤，茶农们称作“白沙土”，含有适于龙井茶生长的多种营养成分，加上四周峰峦环绕，常年云岚滋润，具有得天独厚的地理环境条件。

一片云 ❽

龙井村龙井茶室东侧山坡下 27、游3路龙井茶室站，步行

是一块天然的方片形岩石，通体皱漏多姿，如祥云舒展飞翔，为乾隆品题龙井八景之一。石上除镌“一片云”题刻外，尚存当年龙井寺僧据乾隆手迹题刻的诗句。

南高峰 ❾

西湖西岸 游3路烟霞洞站，步行上山

海拔257米，山体由二叠系石灰岩构成，登顶可俯瞰西湖全景和城市形胜，因山顶曾建佛塔，与北高峰塔并称“双峰插云”。南高峰上下，有多处洞穴景观，其中石屋、水乐、烟霞三洞为西湖名洞，还有内部空间广大、变化奇谲的千人洞。此外，南高峰还是已建成的花港观鱼公园和太子湾公园的重要借景。

烟霞洞 ❿

南高峰翁家山村东侧 87980395 游3路烟霞洞站，步行 省级

洞深30米，因早先洞中石钟乳灿若烟霞，所在山谷林木环青拱翠，晨烟晚霞浮映，以“烟霞此地多”而得名。

烟霞洞

此地旧有建于五代的佛寺清修院，洞中有五代后晋天福年间雕造的罗汉像，现存15尊，依洞窟的岩壁形势分布，容相奇特，姿态各异，尤其是罗汉的神态、性格表现得十分生动，洞口两侧有宋代雕造的大势至和观音菩萨像，体态温润，面相慈祥，衣裳褶纹完整逼真，相传底本出自吴道子绘画。

烟霞洞洞口怪石林立，古木参天，环境清幽隐蔽。1937年，这里曾为国共联合抗日的秘密谈判地。

千人洞 ⓫

南高峰南侧半山腰 游3路烟霞洞站，步行上山

属溶蚀——崩塌过渡类型溶洞，是西湖已探明的最大山洞。全长300余米，洞室最高处约7米，最宽敞处超过1300平方米，地势平坦可容千人。全洞分上、中、下三洞室，上洞最大，长约80米，宽约20米，最宽处逾50米，高多在2米以下，倾斜20～30度；中洞为一长约50米、宽1～2米的斜洞，有三级陡坎，其中第三级状似竖井，陡峭难行；下洞坡度平缓，倾斜约12度，高仅1～1.5米。

依岩壁形势分布的罗汉造像

水乐洞洞口

水乐洞⑫

南高峰山岙深处 游3路水乐洞站，步行

吴越时，水乐洞属西关净化寺。南宋时曾为宰相贾似道购得。当时洞已湮塞，贾似道重新疏浚以恢复。

水乐洞是一个石灰岩溶洞，洞深长约60米，洞径平均2米左右，洞壁分布“水结龙背”、“三节莲藕”、“倒挂香蕈”、“石吐龙涎”等岩溶造型，又有“空中石鼓”，以手叩击咚咚作响。洞口开凿成宽敞石室，地面铺覆青石板，山泉从青石板下流出，激石起声，琤琤悦耳，仙音天籁，如歌如吟。

水乐洞与西湖北缘的紫云洞齐名，为夏日避暑佳境。洞口内外崖壁上存有明代以来题刻，如“听无弦琴”、“智水仁山”、“高山流水”、“余知水之乐”等等，隽语妙趣，发人深省。

石屋洞⑬

南高峰南麓石屋岭下 游3路石屋洞站 87975223

洞室高大恢宏，形似屋宇，故名。五代吴越时期，洞前辟有佛教大仁寺。洞内壁原有当年所凿小应真（罗汉）像500余尊，洞口有北宋苏东坡等人的题名刻石，现存为近年重刻。主洞一侧有小石室名“乾坤洞”，民间相传，南宋皇帝赵构被金兵追打，曾匿身于此洞而死里逃生，故洞小而有“大名”。

近年重刻的石屋洞罗汉造像

虎跑（虎跑梦泉）⑭

虎跑路 87962313 K4、游5路虎跑站

虎跑泉和龙井泉、玉泉并称西湖三大名泉，就水质而言，它清洌甘美，可称西湖第一山泉。

虎跑景区地处西湖南面群山环抱的大慈山坞中，四周植被丰茂，一派迷人的山野风光。相传唐朝时候，高僧性空禅师来这里弘传佛法，苦于寻不到水源，却在梦中受神人点拨，由两头南岳仙童化成的猛虎在山上跑地出泉，从此解决了大难题，于是，在泉址旁建起大慈定慧禅寺，俗称虎跑寺。

虎跑泉题壁，现已改“天下第三泉”

历史上，奇衲侠僧道济（济公活佛）和近代爱国高僧李叔同都在虎跑留下踪影。正因为这两位杰出人物，虎跑作为一座山林公园，不但以好山泉扬名天下，而且在新西湖十景评选中“金榜题名”。虎跑梦泉景区以泉、溪为景脉，保留原虎跑寺建筑遗构，形成了包括翠樾堂、罗汉亭、钟楼、济公殿、济公传说浮雕以及茶室、餐馆等的系列景观设施，并建有李叔同纪念馆。

性空梦虎

李叔同纪念馆 ⑮

虎跑公园内 87982498 K4、游5路虎跑站

分为三个展厅。正厅有李叔同全身铜像，两侧厅壁有宝龛状展框，介绍李叔同生平经历、艺术成就、佛学造诣和爱国精神，以及珍贵照片、手稿、藏书等。西厅陈列李叔同手书刻石和木刻格言。东厅为“书巢”，陈列徐悲鸿、丰子恺等书画名家描绘李叔同的作品。

李叔同全身铜像

李叔同

（1880—1942年） 字息霜，浙江平湖人，早年留学日本，擅长油画、音乐、戏剧、书法，曾任教于浙江两级师范。他曾率先参加“文明戏”（话剧）的演出，还为西湖山水创作了新歌曲。39岁突然皈依佛门，在虎跑寺剃度，法名演音，号弘一，别号晚晴老人。抗日战争爆发后，身在红尘之外的弘一法师，提倡“念佛不忘爱国”，影响很大。

重要观景点

- ★ 大熊猫馆
- ★ 游禽湖
- ★ 金鱼馆
- ★ 海豹池
- ★ 虎山
- ★ 猴山

满觉陇桂树下品茗——杭州金秋时节的一道风景

杭州动物园示意图

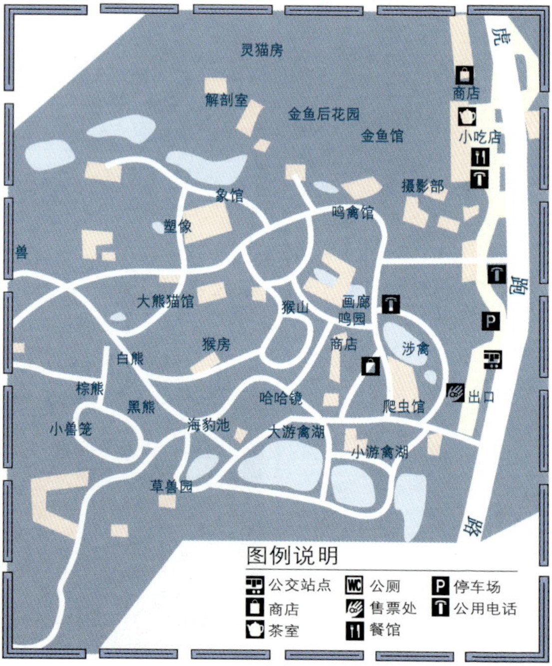

杭州动物园 ⑯

虎跑路四眼井 87962678 游3路满觉陇站，游5路动物园站

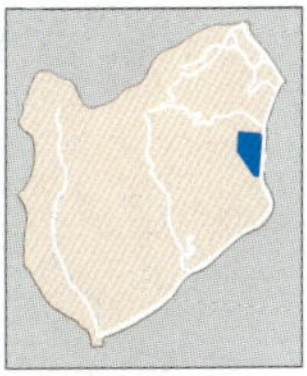

杭州动物园在西湖西南缘景区中的位置

占地20万平方米，园内岗峦起伏，植被丰茂，加以人工掇理，布置山石泉池，园路四通八达，别有一番风情。全国按不同动物的生活习性、活动方式和游人的观赏需求构筑亭馆笼舍，分设金鱼园、鸣禽馆、熊猫馆、爬虫馆、海豹池、小兽笼舍、象房、虎山、猴山、猛禽栏、涉禽笼、游禽湖、鸳鸯池、走禽栏、涉禽池等17个大展区，饲养和展览的珍稀动物有熊猫、金丝猴、黑叶猴、孔雀、丹顶鹤、狮、虎、豹、秃鹫、大象、巨蟒等。

九溪（九溪烟树）⑰

九溪十八涧 86591494 K4、游5路九溪站，步行

“九溪烟树”是新西湖十景之一，因深窈僻野的自然山水风光而在西湖名胜中独具魅力。

沿着弯弯山道前行，田畴茶园，密林山谷，鸟飞云掠，一一如画展现。

九溪山道旁，有一座供游人歇脚的林海亭，亭柱有一副为人传诵的名联：“小住为佳，且吃了赵州茶去；曰归可缓，且同歌陌上花来。”联中出句，用了佛籍《五灯会元》中“赵州茶”的典故，提醒游人当以“平常心”游九溪，从这里的自然、平凡、野趣、天籁中，觅取不一般的山水审美感受。

九溪十八涧

西湖群山西南部有平面呈“丫”字形的天然山溪，由北而南注入钱塘江，全称九溪十八涧，长约5.5千米，南宋时就已知名。这一带峰峦起伏，山谷幽深，林木茂密，茶园散处，晴天秀色可餐，阴雨烟云飘逸，元末明初诗人张昱赞道：

春山缥缈白云低，
万壑争流下九溪。
拟溯落花寻幽径，
桃源无路草萋萋。

九溪与十八涧在八觉山下的溪中溪餐馆前汇合，沿溪而上，东到杨梅岭村一段，称为九溪，一路重峦叠嶂，老树交柯，流水潺潺。由溪中溪西去龙井村，一路峰回路转，溪涧时柔时激，流水瑟瑟如奏，称十八涧。清代学者俞樾以为是西湖顶级胜景，赋诗写道：

重重叠叠山，
曲曲环环路。
东东丁丁泉，
高高下下树。

二十字，道尽了九溪烟树的魅力。

小雨霏微的春日，悠悠领略云山烟树、鸟歌溪声

吴山游览区

吴山观瞻多形胜，山上是鸟瞰杭州古风新貌的极佳去处。北宋文坛领袖欧阳修曾在《有美堂记》中写道：“钱塘，兼有天下之美，而斯堂者，又尽得钱塘之美焉！”有美堂当时就建在吴山顶上，堂名取自宋仁宗御诗“地有湖山美，东南第一州”句意。

吴山多古树名泉，是寻访杭州文脉与民风的游赏胜地。吴越以来，杭州便有东南佛国之称，南宋对道教的扶持又使之成为道观兴盛之区。吴山上上下下，凡古树葱郁、井泉清冽之地，当年不是佛寺，便是道观，都是香烟缭绕、钟磬喧耳的礼拜场所。更值得一提的是，吴山上的先贤或俗神祠庙，曾经数以十计。三教九流、五花八门的神祇，不仅门风行规不同，而且还有各自的喜日忌辰，引发出不同时节“你方唱罢我登场”的庙会和祭祀活动，形成了展示杭城民俗土风的大舞台，至今仍是历史文化研究与考寻的重要对象。

吴山十二生肖石

时代嬗递，风气更迭，今日有美堂遗址上，耸立起江湖汇观亭；城隍庙遗址上，建造了城隍阁，登高环眺，多少胜景聚会眼前，曾经在《望海潮》长调中高唱过“东南形胜，三吴都会，钱塘自古繁华”的北宋词人柳永，若见此情景，想必又有名篇高诵；旧时的太岁庙，改建成极目阁、茗香楼。东岳中兴观得到妥善维护，宝成寺修复一新，山北麓建成了占地8公顷的吴山文化广场……

本区名胜

●广场 · 楼阁
吴山广场 ❶
茗香楼 ❷
城隍阁 ❺
●古建筑 · 遗址
东岳庙古戏台 ❸
药王庙遗址 ❹

吴山游览区在西湖风景名胜区中的位置

图例说明

❶ 景点编码
---- 上山路线

交通路线

环绕吴山游览区的主要道路为河坊街、中山南路和万松岭路，可乘坐8路、K8路、30路、38路公交车抵达附近，然后择路上山。在吴山广场和万松岭有山路贯通吴山南北，为主要上山路口。另外四宜路、太庙巷等地也有小径上山。

导览说明

“吴山天风”为新西湖十景之一，游览中心为吴山广场和城隍阁。吴山广场是夜游的最佳选择，有旅游纪念品、古玩夜市。夜晚喝茶泡吧，白天登高望远，首选城隍阁。若要爬山、寻访古迹也可从太庙巷一带小径上山，老杭州民风和历史遗迹尽在途中。

吴山广场夜景

吴山广场 ❶

河坊街与延安南路交界口 8、K8、38路吴山广场站

吴山广场占地8万平方米，1999年9月建成开放。南缘与吴山山趾相接，因山势叠置假山，辟上山磴道，正中一屏赭色岩石上嵌置“吴山天风”景名题书（费新我手迹）。广场南倚吴山翠色，城隍阁巍然耸立；北接延安路，望不尽都市繁华。东西两侧是杭州市民聚居区，迎旭日，送晚霞，披月光，亮华灯，常年客来客往，人气旺盛。

吴山广场按观瞻、功能划分为几个参差起伏的区块：主广场区块、绿茵区块、下沉区块、公益区块。广场上砖坪光洁，绿草如茵，繁花妍笑，又见喷泉欢涌，瀑布飞泻，碧树成荫，并建有可举办大型集会、演出的露天舞台，地下辟有大型停车库。

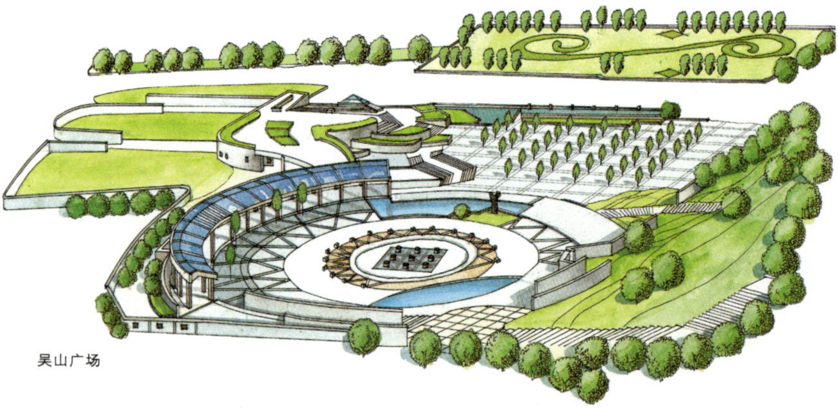

吴山广场

茗香楼

茗香楼 ❷

吴山东北隅山脊 8、K8、38路吴山广场站，步行上山

楼址原是吴山太岁庙基所在，为一座歇山顶两层楼阁，底层称茗香楼，上层名极目阁，四围出跳建回廊，空明轩朗，1964年建成，为吴山、河坊街一带市民喝茶、听书的聚集处，可吃到传统名点吴山酥油饼。

东岳庙古戏台 ❸

吴山东北隅火警瞭望台旁 8、K8、38路吴山广场站，步行上山 市级

又称东岳中兴观，始建于北宋末，南宋定都杭州后扩建，庙内存清道光（1821—1850年）年间修葺的山门、庙堂和古戏台，其中的石雕盘龙柱和戏台为杭州不可多得的清代建筑实物遗存。

药王庙遗址 ❹

吴山东北隅茗香楼西侧 8、K8、38路吴山广场站，步行上山

南宋时称惠应庙，俗称皮场庙，奉祀及时杀灭大批毒蝎为民除害的皮货堆场看守人张森。庙原在开封，随宋室南渡重建于吴山，后演变为祭祀首尝百草的神农氏（俗称药王菩萨）的大型神庙，成为杭城药界年节岁时的活动场所。庙中曾建有戏台，台侧柱有妙联：

名场利场，即是戏场，做得出满天富贵；

寒药热药，无非良药，医不尽遍地炎凉！

城隍阁 ❺

吴山金地山巅 87922688 8、K8、38路吴山广场站，步行上山

高41.6米，七层复合顶仿古楼阁式建筑，建筑面积3789平方米，整体造型上融入了元、明两代华丽的建筑风格。城隍阁顶部平面呈“十字花”形状，高高耸出的主阁中居“花蕊”部位，主阁顶部竖宝瓶。“十字花”的“花瓣”是四座比主阁低矮而小巧的飞阁，对称分踞城隍阁顶四角。飞阁顶各有向外亢飞的三个翘角，阁顶端装饰窈窕倩秀的凤凰雕像。城隍阁其他各层檐顶，也分别有多只翘角，整座建筑表现出凌空飞升的气势，象征凤凰展翅翱翔和仙山琼阁的高远意境，让人联想起杭州“龙飞凤舞到钱塘”的美妙传说。

城隍阁不仅可以登临观光，而且还与杭州的山、湖、城相互呼应，互为因借。优美的造型，丰硕的轮廓，沉稳的姿态，飞动的气势，成为跨入新世纪的历史文化名城杭州的标志性建筑，为秀媚的西湖山水平添一段雄奇神采。

城隍阁二层东楹柱，悬明代徐渭所撰名联：“八百里湖山知是何年图画，十万家烟火尽归此处楼台。”底层大厅南、西、北三面，倚壁设灯光橱窗展示大型硬木彩塑《南宋杭城风情图》，对面有嵌壁青石线刻画，描绘杭州历代名贤画像和10个民间神话故事。阁的三层到顶层，都有陈设典雅、风格与功能各异的休闲服务设施。

城隍阁景区手绘三维图

玉皇山游览区

清孔雀织锦补子

玉皇山又名玉龙山，古称龙山，相传晋郭璞诗句“天目山垂两乳长，龙飞凤舞到钱塘”中的“龙”就是指它，“凤”则是指凤凰山。五代吴越国王曾从明州（今浙江宁波）阿育王寺迎取阿育王像供奉于此。玉皇山之称始自清初，当时，山顶建起规模宏大的道教福星观，主要供奉道教惟我独尊的首领玉皇大帝，山名也改成了玉皇山。

玉皇山海拔239米，山体由石灰岩构成，山上陡峭处石骨嶙峋，凹陷处草木葱茏，植被品类多，这和山东面毗邻的将台山、凤凰山均为南宋大内（皇城）禁苑，以及历来佛、道两家在这里建寺观有密切关系。近代以来，道教更占上风，所遗古迹众多。山巅曾有西湖规模最完整的道观福星观，山腰又有空间廓大的紫来洞和来历神奇的七星缸，山南还有从南宋籍田演变而成的八卦田，山北则有反映丝绸之府杭州和古老丝绸文化的中国丝绸博物馆。

玉皇山一年四季山景变幻，从重阳登高，到冬寒攀临，这里是湖上游山健身最好的地方之一。

本区名胜

●楼阁 · 景观

登云阁 ❶

七星缸 ❹

八卦田 ❼

●寺庙道观

福星观 ❷

慈云宫遗址 ❺

●洞窟 · 造像

紫来洞 ❸

●博物馆

中国丝绸博物馆 ❽

●墓葬陵园

南山陵园 ❻

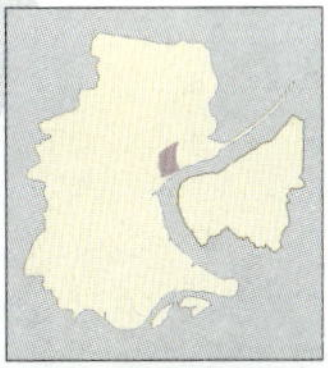

玉皇山游览区在西湖风景名胜区中的位置

图例说明

❶ 景点编码

---- 上山路线

交通路线

先坐公交车到山下。可从三个方向步行上山游览：1．乘游3线到玉皇飞云站（山北麓），或乘K4路到万松岭路口站（山北），沿玉皇山路南行。2．乘K4路到动物园站（山西麓），东行。3．乘20路到杭州陶瓷品市场（山南麓），北行经慈云岭上山。

导览说明

“玉皇飞云”为新西湖十景之一，可登高览胜，赏湖、山、江、天，品味道家古迹福星观遗构、紫来洞洞天福地、七星缸和八卦田等。山北的中国丝绸博物馆和山南诸多五代吴越时期的石窟造像，堪称西湖人文精华。上山统一买门票。

登云阁 ❶

玉皇山巅　游3路玉皇飞云站，步行上山

建于1978年，三层八角楼阁，阁内设螺旋式转梯可上下通达。中层两侧连接平面呈L形的观景长廊，阁的外观仿佛只有二层。登云阁高踞山巅，檐牙飞翘，伫身阁上，视接八方，思翔六合。每当风起云涌，但听得四下习习之声如雷贯耳，身前身后时有云雾扑面而来，飞渡而去，湖山空阔，江天浩渺，人烟稠密，尽收眼底。此景此情此境，被命名为“玉皇飞云”。

玉皇山远眺

福星观 ❷

玉皇山巅　游3路玉皇飞云站，步行上山

又称玉皇宫，早先这里是佛寺。清雍正年间，追随清世宗胤禛崇奉道教的闽浙总督李卫在此辟建道观，称福星观，咸丰年间毁于战火，同治九年（1870年）重建，规模有增无减，面貌至今依稀可寻。

福星观建筑群，基本按中国传统的宫殿和庭院格局布设，除入口（称“南天门”）设在东南角且门朝东开之外，中轴线上的建筑都是坐北朝南，依次为山门、真武殿、大罗宝殿（又名灵霄殿即玉皇殿）。中轴线两侧为副殿及生活用房，各有三进庭院，东侧自北而南依次为三清殿、斋房、过廊、丹房、库房、米仓、厨房、茶房等，西侧则有三官殿、厢房、过廊、白玉蟾井、丹房、十方堂、客房等。

慈云宫遗址 ❺

玉皇山东侧慈云岭巅　游3路玉皇飞云站，步行上山

俗称老玉皇宫，清雍正年间建福星观，在这里设灵官殿。道观废除后，慈云宫改建为一处花木扶疏、叠石玲珑的庭院式山间园林，原殿堂改成开放式廊轩，园内亭台参差，曲径通幽，是登山中途可歇可赏的一个好去处。

南山陵园 ❻

玉皇山南麓　86081594　20路杭州陶瓷品市场站，步行，或K4路动物园站，步行

原称南山公墓，为杭州市最早的集体茔葬墓园，依山傍水，林峦环绕。陵园多有现代和当代名人墓穴，如黄宾虹（国画家）、张宗祥（版本目录学家、书法篆刻家）、马一浮（国学大师、诗人）、马寅初（人口学家）等。

八卦田 ❼

玉皇山南麓　游3路八卦田站
市级

原为南宋皇帝“躬耕”以示“劝农”的籍田，也有人认为是当时祭祀天地的郊坛所在，至迟在明代，已定型为八卦田。自高处俯瞰，田丘呈八角形，中间为一圆形土墩，土墩周围平均划分为八块，整块田丘形似半阴半阳的太极图；八块田地上分别栽培不同植物，四季色彩、形状不断变化，仿佛呈现八种卦象。八卦即乾、坤、震、巽、坎、离、艮、兑，用“–”和“– –”符号排列组合而成卦象，在《易经》中它们分别代表天、地、风、雷、水、火、山、泽八种主要的自然实体或现象，并被用于表示不同的方位、颜色等，是道门常使用的符号。七星缸“以坎制离”即出自这套玄之又玄的“理论”。八卦田成型后，福星观即加以利用，至今仍是登玉皇山览胜的一大奇观。

八卦田四季色彩、形状不断变化，仿佛呈现八种卦象

中国丝绸博物馆 ❽

西湖南岸玉皇山路73－1号 87062181 38路、游3路丝绸博物馆

清式童褂

杭州自古享有“丝绸之府”的美誉，出产的绫罗绸缎，早在唐代就声名远播，大诗人白居易《杭州春望》中的名句“红袖织绫夸柿蒂”，就说到了当时杭产丝绸中受人青睐的高档花色绫。1992年，中国丝绸博物馆在西湖南岸的玉皇山麓建成开放，为丝绸之府增添了一处展示中国古老丝绸文化的窗口。

中国丝绸博物馆是第一座全国性的丝绸专业博物馆，占地5公顷，建筑面积8000平方米，陈列面积3000平方米。馆内的基本陈列分五个部分：序厅、历史文物厅、蚕丝厅、染织厅和现代成就厅，全方位地反映了中华五千年的丝绸历史和丝绸文化。

这座世界上最大的丝绸博物馆，在设计上充分体现人与自然的和谐关系，幽雅的环境，柔美飘逸的建筑造型，桑园染草，小桥流水……馆内还设有丝绸商场、小卖部、茶室等，可游憩，可购物，让游人满载而归。

中国丝绸博物馆

序厅

概述丝绸发展历史与“丝绸之路”，告诉观众丝绸起源于中国，并从中国传播到世界。

历史文物厅

以大量的历代丝绸实物和图片展示了中华五千年悠久的丝绸文化和高超的生产技术，特别是汉唐织锦、宋代绫罗、元代夹金织物及明清时期的各种缎类织物，使人惊叹我国古代丝织物的丰富与精美。

蚕丝厅

让您了解栽桑养蚕和缫丝的秘密。每当养蚕季节，在这儿您可聆听蚕宝宝食桑时的“沙沙”声，可仔细观察蚕儿吐丝结茧的过程。

蚕丝厅

染织厅

在一座座别具地方与民族特色的建筑物内展现不同历史时期各民族染织生产工艺，再现我国古代丝织技术的发展历程。

现代成就厅

展示新中国成立50多年来我国在丝绸生产、丝绸科研和丝绸贸易上取得的辉煌成就，是新中国丝绸业的一个缩影。

染织厅古代织机的纺车

中国丝绸博物馆

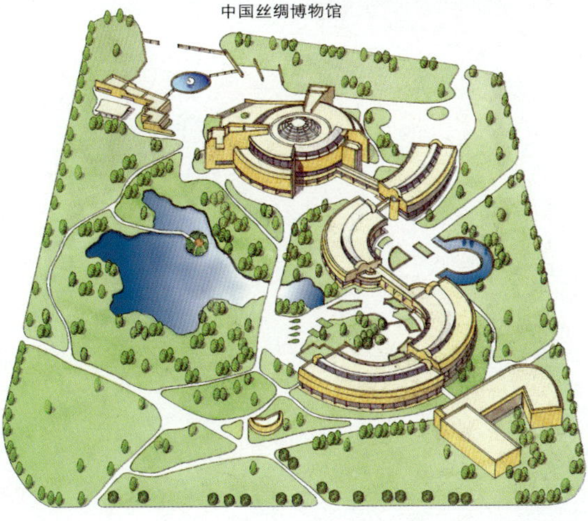

凤凰山游览区

凤凰山地处西湖风景区东南隅，海拔178米，山体由石英砂岩构成，呈南北走向延伸，宛若凤凰展翅东飞，左翼接西湖，右翼掠钱江，翱翔于天地之间。隋、唐、吴越、北宋，凤山之麓先后为县治、州治和王府所在地，南宋定都杭州，又选择此山建大内(皇城)，从此升格为煌煌禁苑和半壁江山一百多年的政治活动中心。

不思进取的南宋小朝廷很快土崩瓦解，凤凰山曾经有过的辉煌反过来成了备遭摧残的催化剂。“旧时禁中枝头鸟，山野迎来访古人”。当年元蒙铁骑的践踏刚刚尘埃落定，许多多愁善感的文人墨客、前朝遗老，就纷纷来到凤凰山上，凭吊，慨叹，唏嘘，悲鸣。如今，当我们踏寻昔日金枝玉叶、皇亲国戚、权贵弄臣们才配享用的宫苑、寺观、楼台、园林等遗迹时，依然会情不自禁地想到，那时的富丽堂皇和不可一世，怎么成了眼前这种情状呢?

如果，我们把西湖上惟一的天然岛屿孤山称做是“文化的山”，把灵隐寺前神奇的连地质地貌都带几分仙气的飞来峰叫做“宗教的山”，那么，凤凰山，我们就不妨把它称做“历史的山”吧！不仅仅因为它和中国一段复杂、重要的历史紧密地联系在一起，更主要的是，来到这座山上，我们可以隐约通过对过去的审视，得到一些启发、一些感悟，把握到一些未来命运的走向和趋势。

本区名胜

●历史遗迹
梵天寺经幢❹
●古遗址
万松书院遗址❶
圣果寺遗址❸
●博物馆
南宋官窑博物馆❼
●墓葬·碑刻
浙江省中山纪念林碑❻
●寺庙
栖云寺❷

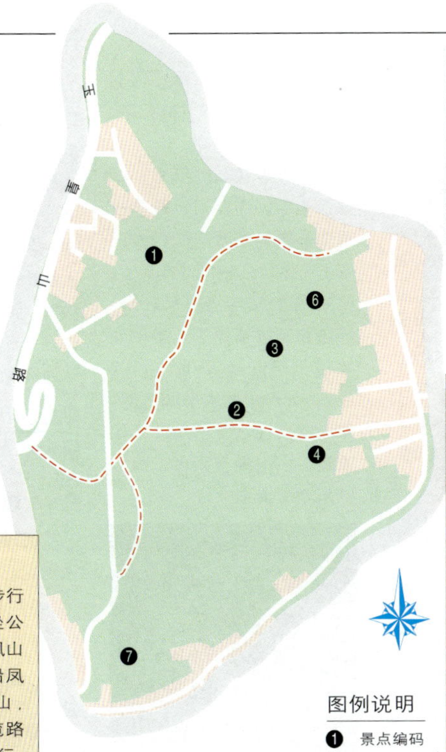

凤凰山游览区在西湖风景名胜区中的位置

交通路线

本区主要靠步行穿越山林，可先坐公交车30、K30路到凤山门站下车，然后沿凤凰山脚路步行上山，也可按玉皇山游览路线到达慈云岭后东行。

导览说明

凤凰山、万松岭上下，可寻觅当年南宋皇城中的旧景遗迹，如排衙石、月岩、“忠实”题刻和梵天寺经幢、圣果寺遗址、修内司窑遗址等。本区南端的南宋官窑博物馆，展现中国古代陶瓷文化，是西湖黄金游览线上的必到之处。

图例说明

❶ 景点编码
---- 上山路线

◁梵天寺经幢局部

万松书院遗址 ❶

万松岭路中段南侧孔家山 30、K30路万松岭站，步行 市级 修整中

明弘治十一年（1498年）浙江右参政周木改建报恩寺（始建于唐）为万松书院，延聘衢州南孔传人孔绩（孔子五十八代孙）掌管祭祀事宜。清康熙十年（1671年）重建，称太和书院；康熙五十五年（1716年），清圣祖玄烨题书“浙水敷文”匾额，从此更名为敷文书院；雍正十一年（1733年）颁敕定其为浙江省城书院；乾隆十六年（1751年）高宗弘历题赐“湖山萃秀”匾额。敷文书院无论师资、藏书还是祭田、祭器等财资，都胜过当时其他书院，为浙江省最高学府，盛极一时，诗人袁枚曾在此攻读。咸丰十一年（1861年）毁于兵燹，同治五年（1866年）重建，光绪间渐趋衰圮，改作兵营，清末、民初终至堙废。万松书院遗址高踞岭巅，左江右湖，山野明秀，四周林木葱茏，岩壑嵚崎磊落，明清以来题刻历历可睹，因《梁山伯与祝英台》传奇故事的流播，更被民间视为梁祝同窗共读之地。2000年初春，杭州市人民政府拨款整修。

栖云寺 ❷

凤凰山与将台山之间的栖云山腰 30、K30路凤山门站，沿凤凰山脚路步行上山

始建于南朝陈太建六年（574年），元代著名散曲作家、维吾尔族诗人贯云石

归云洞 旧名仙姑洞，在凤凰山中峰东侧，属石灰岩溶沟，“洞”门石壁多篆书题刻，今已难辨读。

（小贯只哥）曾隐居于此多年。明后期香火鼎盛，与圣果、梵天并称杭城“江干三大寺”，今为一民居四合院式小佛寺，周围林木葱茏，环境清幽，香火复盛。

圣果寺遗址 ❸

凤凰山东麓茗帚湾 30、K30路凤山门站，沿凤凰山脚路步行上山 市级

圣果寺又名胜果寺，原称崇圣寺，尚存当年殿堂建筑地基和吴越雕造的西方三圣（主尊阿弥陀佛高6.2米，两侧观音、势至各高5.12米）残迹和罗汉造像等。圣果寺始建于隋开皇二年（582年），南宋初划入皇城范围，曾为殿前司官署所用，元代重建，后世屡有兴废，清末以来渐趋衰败。

圣果寺西方三圣造像遗迹

梵天寺经幢 ❹

凤凰山东南、茗帚湾口以南 30、K30路凤山门站，沿凤凰山脚路步行上山 国家级

梵天寺石刻经幢

始建于北宋乾德年间，原称罗汉寺，后改南塔寺，北宋治平年间始名梵天寺，今尚存遗址。遗址前有石刻经幢两座，为北宋乾德三年（965年）吴越王钱弘俶所建，各高15.76米，幢身八面，南侧一幢刻佛教《大佛顶陀罗尼经》，北侧一幢刻《大随求即得大自在陀罗尼经》，腰檐等多仿木结构建筑，严守当时营造法式；各层短柱设壁龛雕佛像，容相秀丽，造型生动。

浙江省中山纪念林碑 ❺

凤凰山东侧山坡 30、K30路凤山门站，沿凤凰山脚路步行上山 市级

民国时在此营造孙中山先生纪念林，立碑纪念。

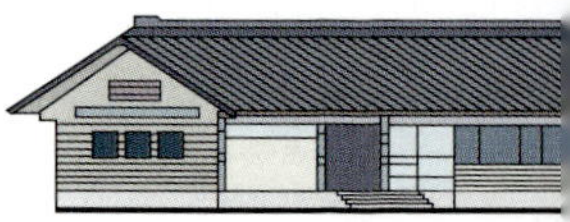

南宋官窑博物馆 ❻

施家山42号 ☎ 86081049 20路杭州陶瓷品市场站，或809、游3路八卦田站

重要观景点

- ★ 龙窑遗址
- ★ 作坊遗址
- ★ 官窑展厅
- ★ 名陶名瓷厅
- ★ 博物馆建筑

南宋官窑博物馆位于乌龟山麓南宋官窑郊坛下窑遗址区内，占地1万平方米，由遗址保护厅和展览厅两部分组成。

南宋官窑，是专为供应南宋宫廷用瓷而开设的制作工场，出品的瓷器无论在器型、釉色、胎质以及艺术风格上均达到中国古代瓷器的巅峰水准，尤其是器物表面釉层的冰裂纹（开片），在制作工艺和观赏审美上堪称一绝。

乌龟山郊坛下窑遗址经发掘后，发现有龙窑和制瓷作坊各一处，官窑博物馆采用先进的大跨度轻型框架结构在此建成保护厅，让游人身临其境全景式参观官窑遗址。它是我国南方目前规模最大的考古遗址保护建筑。

博物馆展览厅分三个部分：名陶名瓷荟萃厅、南宋官窑风采厅、古瓷新葩厅。

龙窑遗址

古瓷新葩厅

荟萃了国内采用先进科技手段仿制的古瓷精品，包括官窑、哥窑、汝窑、定窑、钧窑、越窑、龙泉窑、建窑、耀州窑等各大窑口的器物，奉献给游人一幅缤纷多姿、浮想联翩的瓷艺大观图。

名陶名瓷荟萃厅

以中国瓷器发展史为主线，展示各时期的代表性陶瓷文物，有良渚黑陶、原始青瓷、越窑青瓷、龙泉窑青瓷、青白瓷、青花、五彩、粉彩等近百件，多为文物珍品。

馆藏南宋官窑器

南宋官窑风采厅

集中介绍南宋官窑创建、发展的渊源、脉络和瓷器的造型风格、胎釉个性、外观与工艺。展品中的簋式炉、花口瓶、熏炉盖等20多件器物（部分为复原品）以及多种瓷片、窑具标本，再现了南宋官窑的精美与辉煌。

南宋官窑博物馆大门

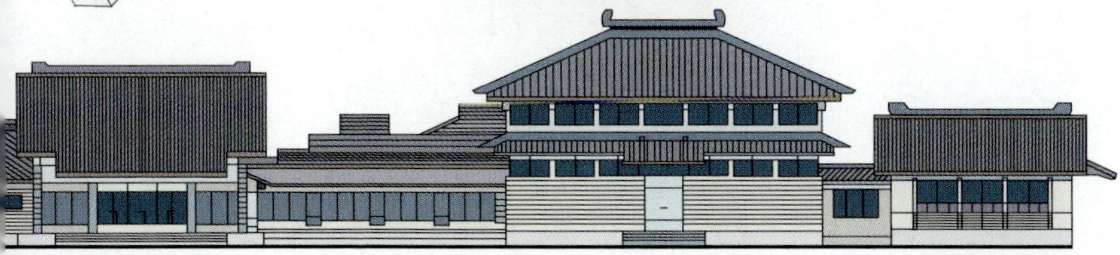

南宋官窑博物馆立面

钱塘江沿岸

钱塘江原称浙江，又名浙江、之江，源出安徽、江西两省交界的怀玉山，全长605公里，是全省流程最长、流域最大的河流，自西而东各流段又分称新安江、富春江等，至萧山闻家堰附近与浦阳江合流后，东段称钱塘江。其中两江汇合处到钱塘江大桥一段江流形成反书的“之”字，也就是今属杭州市的钱塘江沿岸旅游景区大致所在方位。

钱塘江沿岸，南面，平滩与丘陵相互起伏；北面，群山连绵，层林尽绿。这里是春秋吴越争霸时候两国军事争锋的边界，风波险恶，人人视作畏途，威慑六国的秦始皇一统山河后巡行天下到此，竟然也不敢贸然过渡。唐以后直到当代，这里又是杭州城南的水陆运输繁忙地区，北岸则不但曾经是吴越、两宋杭州城市的繁华地段，多有重要建筑古迹遗存，而且现在还是西湖风景名胜区的南缘边界线和之江国家旅游度假区所在，杭州一大批近年新建的人造主题公园大多分布于此。这些主题公园或古色古香，或洋里洋气，造景构思与园景设置建立在打破时空思维定势的基础之上，采用现代社会、电子时代才具备的物质、科技手段制作完成，不但对西湖风景园林的开发、创新提供了可贵的启示和参照，更给予游人新鲜而又富有刺激的感官享受和文化熏陶。

巍巍青山，滔滔江流，“壮观天下无”的大潮汹涌澎湃。钱塘江沿岸雄旷浩荡而又新颖奇妙的万千气象，在整个杭州的风景旅游中占有不可取代的地位。古迹负载着古都的历史，新兴的主题公园显示出蓬勃的发展势头，真可谓：大江东去，赏不尽、今古风流。

本区名胜

●大桥 · 古塔
钱塘江大桥 ❶
白塔 ❷
六和塔 ❻
●墓葬 · 古建筑
龚佳育墓 ❸
之江大学旧址 ❹

●游乐园
宋城 ❺
国际高尔夫乡村俱乐部 ❽
杭州乐园
山里人家 ❾
●自然景观
灵山幻境 ❿

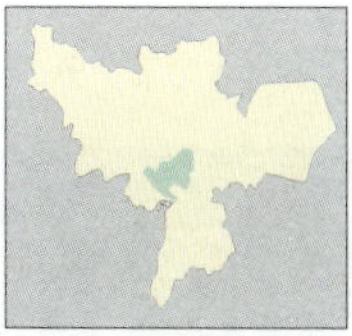

钱塘江沿岸在杭州市区的地理位置

图例说明

❶ 景点编码

交通路线

本区范围广，游览点分散，尤其是钱塘江南岸，最好乘坐专线游览车分别前往。公交游5线等可抵达钱塘江北岸的宋城、未来世界等处。

导览说明

钱塘江是杭州的“母亲”，巍峨的六和塔、雄伟的钱塘江大桥、阅尽沧桑的闸口白塔、绿荫掩映的之江大学校区，都是声名远播的文物瑰宝。沿江两岸还有灵山幻境和宋城、未来世界、山里人家等新兴主题游乐园，是休闲游乐的好去处。

钱江秋涛

浩浩钱塘江（又名浙江）东流经杭州，江面突然大开，形成典型的“喇叭”形河口，继而扩展成杭州湾而注入东海。特殊的地质、地形、地貌条件，生成了波澜壮阔的潮涌，加上日、月与地球之间引力和位置相互变化关系的影响，农历八月十八前后，潮势达到极盛。洪波涌起，吞天沃日，摧枯拉朽，惊心动魄。

“浙江秋涛”为元代钱塘十景之一，是天工造化在西湖秀美幽雅之外创造的一道宏伟雄奇风景，千余年来一直是杭州秋游的重头戏。如何赏潮颇有讲究，有“一潮三看”之说。通常观潮时所见，是由于江底高似门槛的沙坎阻拦水流而引发的潮涌，前浪涌现，后浪追推，浪涌不断重叠相加，愈聚愈高，矗立而形成潮“墙”，远望如白虹一线，飞疾而来，呼啸而去，称“一线潮”。由于潮头来势凶猛，呈弧线状向前推进，碰撞到南北两岸的堤坝之后，潮头迅速斜涌回来，一霎时江中仿佛有两条蛟龙相互缠绕搏击，浪花溅喷，砰然上冲，称“碰头潮”。此外，还有“回头潮”。回头潮往往发生在浪潮冲击堤岸之后，看上去好像可以有稍许的平静了，岂料由于在江中潜涌暗流的作用下，潮头如怒龙回首，猛杀“回马枪”，冷不防向堤岸冲击，卷起千堆雪浪，吼出晴空霹雳，令观潮者胆颤心惊。

秋观钱江大潮之风，可远溯至先秦、两汉，《庄子》、《史记》以至汉赋中，均可读到精彩的记述。东晋画坛巨擘顾恺之，以他独到的观察鉴赏力写就了《观潮赋》，其中有这样的佳句：“临浙江以北眷，壮沧海之洪流；水无涯而合岸，山孤映而若浮。既珍藏而纳浮，且激波而扬涛。”唐代名诗人宋之问、孟浩然、李白、刘禹锡、白居易、徐凝等，都看过浙江潮，留有观潮诗。南宋观潮，以杭州城南沿江至凤凰山、六和塔一带及吴山为佳，明以后逐渐东移，今以海宁盐官镇潮头最大。近年又呈西还趋势，六和塔到九溪一带江岸，所见潮流逐年增强。如今，钱塘江沿岸的海宁和杭州萧山区两地，年年都举办“观潮节”以饱来宾眼福。

钱江秋涛

钱塘江大桥

钱塘江大桥 ❶

钱塘江上　K4、308路钱江大桥站

钱塘江大桥，位于六和塔东南侧江面，始建于1937年。它是我国第一座自行设计建造的钢梁双层公路、铁路两用大桥，全长1453米，其中江上正桥1072米，北岸引桥288米，南岸引桥93米。正桥16孔，每孔跨度67米，钢梁用合金钢制成，强度高而重量轻；南、北引桥各有1孔和3孔，都是用长50米的钢拱梁和钢筋混凝土的框架及平台构成。

不复原桥不丈夫

1933年3月，正任教于天津北洋大学的茅以升，应邀赴杭州与地方当局商讨钱塘江建桥事宜，他毅然辞去安稳而又舒适的北洋大学教席，出任钱塘江桥工程处处长，主持建造这第一座由中国人自己设计的现代化大桥梁。

钱塘江大桥于1934年11月11日举行开工典礼（1937年9月铁路桥面通车，11月公路桥面通车），其时，日本帝国主义侵略者已经侵占了我国东北地区，正积极备战，对我华北地区虎视眈眈。茅以升深知钱塘江大桥在军事上的战略意义，早在作大桥设计时，就已在靠近南岸的第二个桥墩里预留了可以安放足够炸药的长方形空穴以备万一。

1937年7月7日，卢沟桥事变发生，抗日战争爆发了。12月下旬，日寇逼近杭州。同月23日，茅以升亲自参与指挥实施炸桥。下午3时，一切就绪，傍晚5时，江天暮霭中，发现沪杭公路上有日寇骑兵奔逐而来。随着一声轰然巨响，大桥靠南岸第二座桥墩的上部完全炸毁，五孔钢梁全部炸断，一头坠落在江中，另一头还在桥墩上。

钱塘江大桥炸断了，距它建成通车还不到三个月！透过苍茫夜色，茅以升凝视着由他一手建成又一手"破坏"的大桥残影，还看到了江北岸越来越亮的火光，他悲愤满腔，欲哭无泪。两天后，他赋《别钱塘》组诗，其中第三首写道："斗地风云突变色，炸桥挥泪断通途。五行缺火真来火，不复原桥不丈夫！"（"钱塘江桥"四字偏旁为"金、土、水、木"，故云"五行缺火"。）

抗日战争胜利后，茅以升重返杭州着手恢复钱塘江大桥，但直到新中国成立以后，大桥才得以全面修复，再现青春。如今，钱塘江上已新造了二桥、三桥甚至四桥，而年过花甲的"老大"——钱塘江大桥，依然雄峙江上，连接两岸，通达南北，与六和塔一起，成为杭州天堂美景的标志。大桥北堍的桥头公园花坛中，竖起了中国现代桥梁之父——茅以升的全身铜像。

钱塘江三桥

1937年钱塘江大桥被炸断

白塔 ❷

钱塘江北岸闸口 308路闸口站 国家级

白塔

又称闸口白塔，通高16米，八面九级（层）仿木结构楼阁式塔，通体用白石精工雕凿、砌叠建成。塔下为八边形盘石，每侧边雕山峰，平面刻海浪，象征"九山八海"，其上共有九级（层），每级都由塔身、塔檐和平座三部分组成，各级八面塔身中有四面辟壶门，另外浮雕的佛像、经变故事也极富观赏性。从塔的结构形制和雕饰风格推断，白塔应是五代吴越或北宋初期的佛教建筑，是保存有当时建筑的科技、文化、宗教等多方面大量信息的珍贵实物。

龚佳育墓 ❸

之江路牌楼里 K4、游5路六和塔站 省级

龚佳育墓距六和塔约600米，是西湖风景区乃至杭州惟一保存较为完整的清代士大夫墓葬实物遗迹，墓区周围山色翠微，泉溪琮琤，环境清寂宜人。墓坐东北朝西南，依山势砌筑成七个台基。远远望去，给人绵延不尽、深邃肃穆的感觉，气派威严。墓前方的华表、牌坊、碑亭、石像生等陈设完好。

龚佳育

（1622—1685年） 字祖锡，杭州人。曾任江南布政使、光禄寺卿等职，康熙二十四年（1685年）病卒于京师。为官清廉正直，不畏权势，勤政爱民，生平藏书多至数万卷，善书法。其长子龚翔麟（1658—1723年），字天石，是清初著名的文学家，工诗词，与朱彝尊、李良年等六人号称“浙西六家”。

之江大学旧址 ❹

钱塘江北岸之江路51号 86592701 K4、游5路浙大之江校区站 市级

在钱塘江北岸、六和塔以西，美国长老会以中国“庚子赔款”建造于1911年。原造楼屋多为美式建筑，清水红砖墙砌造，依山势上下错落分布，有钟楼、图书馆、礼拜堂等，校园内随处花坛草坪，林荫蔽日。现为浙江大学之江校区。

龚佳育墓

宋城 ❺

钱塘江北岸之江路148号 87321785 游4、游5路宋城站

坐落在西湖风景名胜区西南隅的牛坊岭下，濒临钱塘江。主景《清明上河图》再现区，以宋代大画家张择端同名长卷杰作为蓝本，布设仿古游览区，市井、店铺、小吃一条街、虹桥等；艺术广场区占地1.3万平方米，可供万人同时观看大型艺术表演和水幕电影；仙山琼阁区为全园制高点，登临其上，“汴梁”、“临安”风情尽现眼底，发人思古之幽情。全园按宋代营造法式和市井风貌、生活方式，仿设宫苑、驿站、店铺、作坊、市井、城楼和街头杂耍表演、日常生活、百工劳作、官府活动等场景，服务、表演人员清一色穿戴宋代服饰，时代的错位更增添了游乐的喜剧气氛。公园南侧，开辟了田园、村落，小桥流水，瓦舍茅屋，曲径竹篱、牧牛田畴，一派乡野景象，使人恍若神游于千载之前和宋代先人劳作、生活在一起之感，尽享给“他”一天，还我千年的乐趣。

宋城一角

六和塔 ❻

钱塘江北岸 86591401 K4、游5路六和塔站 国家级

五代吴越国（970年）始建，密檐楼阁式，塔高59.89米，外观十三层，内部可以攀登的有七层，每层塔心中部辟壶门，设有盘旋形楼梯直达塔顶层。一千多年来，六和塔屡经毁损和重修，现在的砖砌塔心是南宋重建后留存原物，木构檐廊为清末重建并经近百年来多次修缮。

六和塔保存了丰富的历史文化和艺术信息。砖石砌筑的塔心历800余年风雨依然稳如泰山，外围塔檐各层的斗栱、重檐与塔身三者在尺度阴影处理上极为惬当，塔身外观明暗间隔收分合度，轮廓衬托分明，整座古塔是具有珍贵科研价值的古建筑实物。

六和塔

在六和塔的塔心须弥座上，雕有南宋风格的花卉、鸟兽图案；塔底层南面檐廊正对塔门处，立有南宋《敕赐开化寺尚书省牒碑》，“慈恩开化教寺”是六和塔于南宋重建后由宋孝宗御题的名称，所以古塔又叫开化寺塔。

六和塔与滔滔钱塘江相倚相望，江风古塔，境界本来就高出一层，登临眺望，更是目穷万里，思接八方，心绪百道，感慨千秋。自从钱塘江大桥飞架南北后，古塔傲然屹立孤峙向上的雄姿，大桥横亘江上延展远伸的气魄，一竖一横，一古一今，与万古江流构成别具雄浑情韵的壮丽景观，六和塔在西湖名胜中独领一番风骚，成为杭州的标志性建筑。

近年来，在六和塔景区逐步辟建、推出了六和钟声、六和典故、六和碑亭、六和塔苑等新景观，以六和塔为中心，营造具有浓郁文化气息和地方特色的风景游览环境。

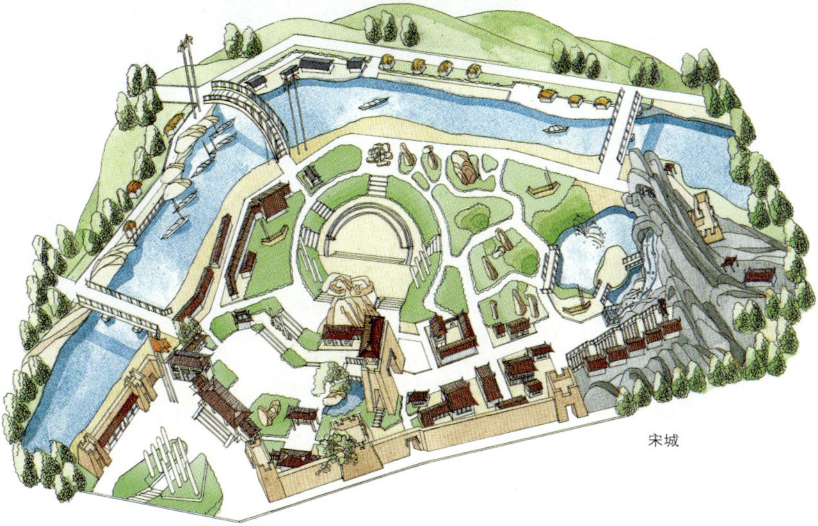

宋城

六和塔有地宫吗?

地宫，是古代佛塔塔基下藏舍利子（佛祖或高僧火化后的遗骨结晶体）的隐蔽场所，正式出现于唐代。六和塔是否辟有地宫？史书未见记载，但是它始建于吴越，从时间上看，塔基下有地宫是可能的。再从史书著录的角度考察，吴越、两宋时期，西湖所造佛塔与六和塔时间相近、结构相似者，多见有塔下地宫奉藏珍物的记载，雷峰塔基下即有地宫，六和塔很可能也会辟有地宫。六和塔砖砌塔心为南宋隆兴元年（1163年）原物，也就是说，从那时至今，塔基一直保持原状未被触动，更不可能被改动，这也正是后人对塔下是否存在地宫无法作出判断和记载的根本原因。不过，推测并不能代替事实。在全面掌握塔基的结构情况之前，六和塔有没有地宫总是一个谜。

芳名六和为哪般?

六和塔为什么起了这么个塔名？有两种解释：一说，取自佛教《本业璎珞经》中“六和敬”之说，即身和同住，口和无争，意和同悦，戒和同修，见和同解，利和同均。又说，“六和”即“六合”的同音别写，其意为“天地四方”，含有颂扬佛教包容世界万物的含义。

★游览须知

六和塔景区除大门售票外，登上六和塔需另付费。

中华古塔博览苑内景

中华古塔博览苑内景

中华古塔博览苑内景

中国古塔陈列馆

中国古塔陈列馆是利用六和塔原开化寺二殿为陈列场所，荟萃了分布在全国各名山大川、古都乡野、海天佛国、朔漠边陲的历代古塔全景、局部图片编排组合，另外备有中国代表性古塔的仿真缩微模型、仿真名塔模型，配以精练、准确而又生动的文字介绍。

中华古塔博览苑

中华古塔博览苑占地百余亩，1993年春建成。苑内仿建中华名塔100多座，外观形制一般按原塔1/10比例制作，也有比例更大的。造塔材料，大多采用与原塔所用相同材质的砖、石、木等构建，力求逼真。塔苑择建的各地名塔，几乎囊括了中国古塔的各种不同形式，无论是常见的楼阁式塔、密檐式塔、覆钵式塔，还是分布较少的金刚宝座塔、花塔以及过街塔等，都可在这里略窥一斑。

中华古塔博览苑大门

重要观景点

- ★ 六和塔
- ★ 中华古塔博览苑
- ★ 中国古塔陈列馆
- ★ 六和大钟
- ★ 塔心的南宋浮雕

净宇江天坊

风情浓郁的荷兰水城，临水公寓和别墅为游客度假下榻之用

杭州乐园 ❼

湘湖旅游度假区内 82683888 K315 杭州乐园专线车

杭州乐园地处钱塘江南岸，是湘湖旅游度假区的主体工程，占地面积达130多万平方米，已建成开放的有荷兰村、马可·波罗之旅等主题公园。顾名思义，这里是仿欧美风情而辟建的主题游乐观赏区。你能欣赏到在水上舞台演出的荟萃了世界各地舞蹈的《欢乐颂》，诸如波罗乃兹舞、泰国舞、孟加拉脚铃舞、西班牙舞、印第安晃圈舞、夏威夷草裙舞、非洲土著风情舞等，都让你大饱眼福，压轴戏是浓缩的《天鹅湖》，整台演出在《欢乐颂》的旋律中结束。

杭州乐园为游客准备了丰盛的世界各国美食，餐厅、酒吧、快餐店、咖啡屋、饮料室等一应俱全，又能提供不同情调与风格的下榻馆舍，包括地中海公寓、别墅，高尔夫酒店、荷兰水街酒店，风车旅馆、窑洞旅馆等，让你不出国门，就能领略浓郁的异国风情。

18世纪荷兰帆船

国际高尔夫乡村俱乐部 ❽

之江国家旅游度假区西南部 87091020 308、游5路未来世界站，步行

占地260万平方米，现已开放首期工程18穴标准球场、365.76米（400码）双向挥杆练习场、果岭推杆练习场、第一会馆及相关配套设施。

青山环抱中的整个球场，铺陈在湖泊、密林和溪壑之间，随自然地势一起柔美起伏、绵延不断，到处可见绿树草地郁郁葱葱。整个球场球道落面宽大、线条粗犷，丘陵地形可与北美开阔式风貌媲美。这是美国著名高尔夫球手兼球场设计师杰克·尼古拉斯的得意之作。

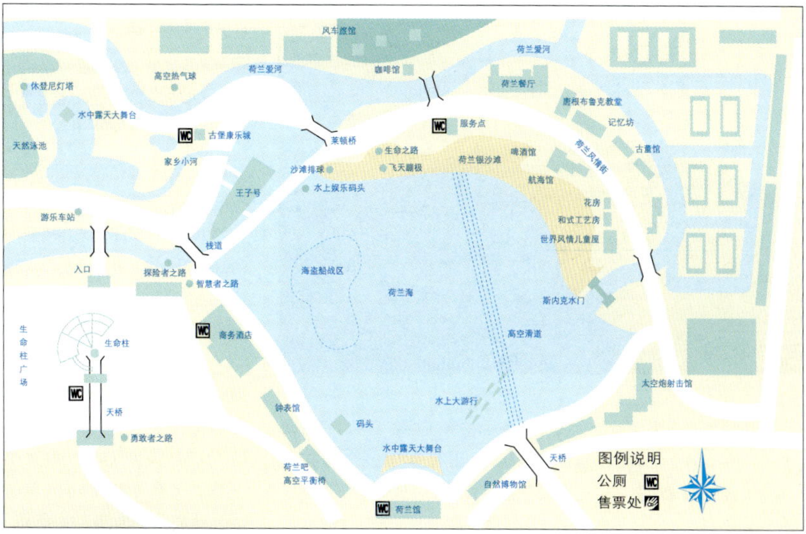

杭州乐园

荷兰村的斯内克水门

荷兰村

荷兰村是一座充满绿水和风车的主题公园。面积20万平方米，水街上布置了恐龙馆、海洋馆、鸟类标本馆、啤酒馆、风车馆、荷兰馆等10多个主题馆。这里还时常演绎17世纪海盗与王子号战舰惊心动魄的战斗场面。

重要景观

- ★ 荷兰风情水街
- ★ 风车和郁金香
- ★ 威廉王子号与海盗船遭遇战表演
- ★ 滑水表演

国际高尔夫乡村俱乐部的球场

天之泉生态园

天之泉生态园

湘湖旅游度假区内　K315路杭州乐园专线车

天之泉生态园与荷兰村毗邻，并有高空索道相连。依托起伏的山地和良好的植被，分布着环保馆、各种动物标本馆以及鸵鸟、蓝孔雀、梅花鹿等10多个动物养殖实验馆，还安排了攀岩、滑翔、森林露营等活动。数公里长的森林步道，给游人提供了绝妙的“森林浴场”，是一个以环保、生态为特色的旅游公园。

山里人家 ❾

湘湖旅游度假区内　82766398
315、K315路萧山站，转6路山里人家站

位于钱塘江南岸湘湖旅游度假区。利用山水相依的乡村环境，展示从刀耕火种到知青上山下乡、现代高科技农业新潮兴起的一系列江南农耕经济、文化活动风貌。

这里设有多个土里土气却又实实在在的参与性游乐设施如打谷场、稻草屋、养蜂场、豆腐坊、年糕店、酿酒作坊等，又有乡村土庙系列包括山神庙、土地庙、关帝庙、家族祠堂等，还有按当年特殊风貌复原的知青定居点，让“过来人”回望“广阔天地”的青春岁月。

山里人家

山里人家

灵山幻境 ⑩

西湖区周浦乡境内 86777098
510路灵山洞站

这一带古称湖埠，山体多由石灰岩构成，多溶洞奇胜，唐宋时曾为游览热线。

灵山幻境的主景区是灵山洞，在灵山石龙岗顶，为竖井式石灰岩大型溶洞。1982年发现，连同洞外的山野风光，命名为“灵山幻境”。

灵山洞主洞厅高达100余米，另有小洞室10多个，分为上下两个大洞体、四层洞厅，游赏面积有6000多平方米，洞道全长约400米。洞里面，石笋高耸，石瀑飞泻，石帷舒展，石钟乳触目皆是，“云盆”地貌绵延跌宕，岩溶堆积景观无奇不有，蔚为大观。其中，居下洞中央的“天柱峰”大石笋，高24.5米，直径5～6米，气势恢宏，是浙江已发现溶洞中的大石笋之冠。另外还有一株外形像棕榈树的石笋，高5.2米，直径1米，通体方解石结晶物像棕榈叶一般向外展开，人称“玉树生花”，这种类型的石笋，在浙江现已发现的溶洞中，也仅在灵山洞可以见到。

灵山幻境“天柱峰”大石笋

灵山幻境内景

杭州城区

西湖素有“三面云山一面城”之称。杭州作为历史文化名城和著名风景旅游城市，是由具有悠久、丰富历史文化遗存的“城”和风光绮丽的“湖”交相辉映、结合而成的。近年来，杭州城区发生了前所未有的巨大变化，城市面貌日新月异，城区面积得到扩展。基础设施建设有了极大改善，城市经济迅速崛起。在城市现代化建设进程中，杭州市提出了“建经济强市，创文化名城”的奋斗目标，较好地处理了城市建设和文物保护之间的关系。

杭州城区现包括上城、下城、江干、拱墅、西湖、滨江、余杭、萧山共八个区。杭州城区的地面和地下历史文物遍布，到目前为止，城区内共有国家、省、市三级文物保护单位100余处、文物保护点80余处。这些历史瑰宝恰如颗颗璀璨诱人的珍珠，使杭城更具魅力。

本区名胜

●老字号商店
万隆火腿庄 ❷
状元馆面馆 ❸
颐香斋食品店 ❹
张允升线帽百货店 ❺
朱养心膏药店 ❻
张小泉剪刀店旧址 ❼
胡庆余堂 ⓫
●故居 · 纪念馆
勾山樵舍 ❶
于谦故居 ❾
潘天寿纪念馆 ⓬
●公园广场
武林广场 ⓲
●历史遗迹
南宋太庙遗址 ❿
相国井 ⓭
●博物馆 · 图书馆
杭州碑林（孔庙）❽
浙江图书馆
●寺庙教堂
凤凰寺 ⓮
●传统建筑
杭州基督教青年会 ⓯
浙江兴业银行旧址 ⓰
●商场购物
涌金广场 ⓱

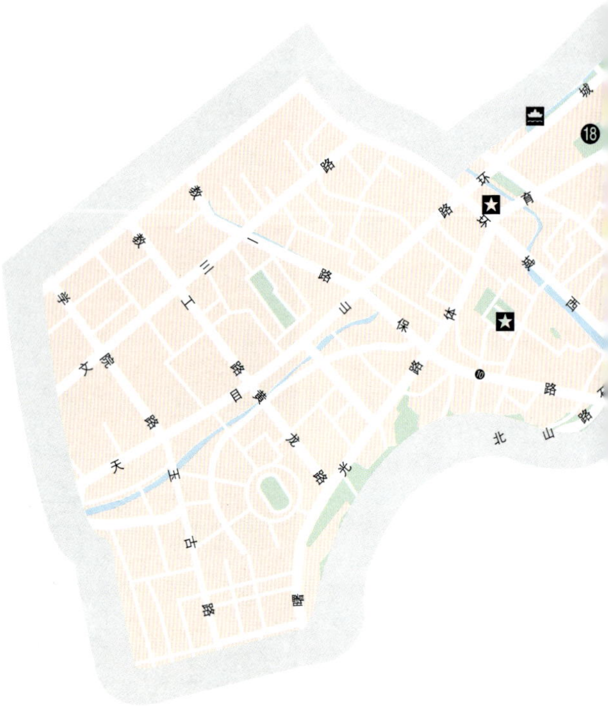

图例说明
★ 政府机关
轮船码头
火车站

运河风光

导览说明

本区包括杭州城区的上城区、下城区、西湖区一部分和拱墅区运河沿岸（部分景点未进入地图）几块区域，这里名胜景点众多，其中上城、下城区的老字号商店、名人故居和历史遗迹是本区游览的重点。在时间允许的情况下，漫游探访一番，必能对杭州的历史文化多一层理解。

香积寺塔和横跨运河的拱宸桥值得一游，散布在中河、东河上的众多古桥寻找起来需要一番周折，它们和西湖一样，都是杭州悠久历史的见证。

杭州城区在杭州市区的位置

勾山樵舍 ❶

河坊街556号 12、38路清波门站 不开放

吴山西北麓、荷花池头之西有勾山。桐城派著名文人，历任顺天府尹、通政副使、太仆寺卿的陈兆伦曾居于此，自号勾山。陈兆伦孙女、清代著名女作家陈端生就出生在这里，其代表作长篇弹词《再生缘》是中国文学史上最长的一部叙事诗，著名史学家陈寅恪认为，她的艺术成就不在杜甫之下。郭沫若则把《再生缘》与《红楼梦》相提并论，称之为“南《缘》北《梦》”。勾山樵舍，现仅存假山等遗迹。

万隆火腿庄老店匾额

万隆火腿庄 ❷

中山中路79号 87028769 814路清河坊站，或8、13、K13路鼓楼站

创建于清同治三年（1864年），店面朝南，呈扇形。当年与“孔凤春”、“张允升”、“宓大昌”各居一角，成为杭城有名的清河坊四拐角。起初由宁波、鄞县、绍兴、杭州等地11人合资。创办人陈国华，原籍宁波，以经营“金华火腿”、“家乡南肉”、“高庄风肉”而著名。现存建筑系1928年翻建，为扇形三层楼砖木结构洋房。1974年因白蚁蛀空属危房而把三楼拆除，其余保持至今。现在该庄仍保持百年老店的传统特色：重视信誉，重视质量，以货真价实享誉杭城。

状元馆面馆 ❸

中山中路清河坊北侧 814路清河坊站，或8、13、K13路鼓楼站 87028914

清同治九年（1870年），浙江宁波人王尚荣在杭州盐桥边开设了一家宁式面馆，因临近贡院，为迎合前来赶考的各地秀才们趋名图吉的心态，取名“状元楼”。清宣统三年（1911年），其外孙王凤春将状元楼迁移至望仙桥直街板儿巷口，因新店系平房，故更名为“状元馆”。1938年迁至现址。状元馆以经营宁式面菜著称，其中有口皆碑的有爆鳝面、虾爆鳝面、黄鱼面、片儿川和宁式鳝片等名点名菜。烹制面菜选料求精、烹饪求细、精工打面，百年老店至今兴盛不衰。

勾山樵舍原址所在地

位于中山中路的百年老店“豫丰祥”

奎元馆面馆

颐香斋食品店 ❹

解放路南班巷 87805426 151、152路浙二医院站

颐香斋创立于清光绪七年（1881年），创始人葛锦山，苏州人氏。青年时在苏州一家南货店学手艺，后辗转来杭谋生，在清泰街义井巷口摆摊现做现卖定胜糕。后经一位李姓老主顾的资助，将义井巷口的一开间门面转让给葛氏开店，取名颐香斋。

颐香斋以自产自销苏式糕点出名，传统糕点有条头糕、方糕、绿豆糕、麻酥糕、椒桃片、小清沙与苏式月饼等。糕点配方注重“三重”：重色，色深不焦，香味浓郁；重油，油而不腻，入口酥松；重糖，甜味适口，绵软柔糯。1937年12月，杭州沦陷，颐香斋遭受地痞恶棍和日军的抢劫，损失惨重。1951年，葛氏因无力经营，将颐香斋盘给上海同业许炳华。“文革”期间，企业改名“东风”，1980年才恢复老字号，成为杭州颐香斋食品厂，下设门市部。

张允升线帽百货店 ❺

中山中路70号清河坊四拐角北侧 814路清河坊站，或8、13、K13路鼓楼站

清代专营杭线的店家数“张允升”最为有名。该店位于清河坊四拐角，设有制线工场，相传至今已有200多年的历史。民国时，“张允升”制作的丝线还在西湖博览会上获奖。后因洋线侵入，妇女挑花刺绣逐渐淘汰，杭线销路大受影响，产量急剧下降。后改营帽子，又转成百货店。店堂系近代建筑，保护较好，近期归入清河坊历史街区的修复规划内，有望不久能重睹百年老店的风采。

万得和茶庄旧址

张允升百货店

朱养心膏药店 ❻

河坊街大井巷14号 814路清河坊站，或8、13、K13路鼓楼站 87028878

朱养心膏药店开创于明万历（1573—1620年）年间，距今已有400年左右的历史。创始人朱养心，名志士，浙江余姚人，后迁徙来杭。在长期的医疗实践中，朱氏形成了以膏丹为主的外治法为特色，并亲手创建了精制膏丹的药室，几近“手到疾愈”的水平。晚清时许多曾受惠“朱养心”的病家出于感激之情，集资在大井巷内重建朱养心药店，后一度迁址，1984年迁回大井巷原址。朱氏的传统产品有万灵五香膏、阿魏狗皮膏、碧玉膏、珍珠八宝眼药等，至今仍深受海内外同胞的青睐。

张小泉剪刀店旧址 ❼

河坊街大井巷 814路清河坊站，或8、13、K13路鼓楼站

张小泉剪刀店的创始人张思家，逃难来到杭州，开设了“张大隆”剪刀店，由于采用浙江龙泉的好钢作原料，又经过精心制作，打出来的剪刀锋快耐用，与众不同。张思家去世后，他的儿子张小泉继承父业，将店名改为“张小泉”，在原有剪刀的基础上，苦心钻研，精益求精，声誉日高。1956年公私合营，建成张小泉剪刀厂。不久，工厂迁入新址，从此进入一个新的历史发展时期。

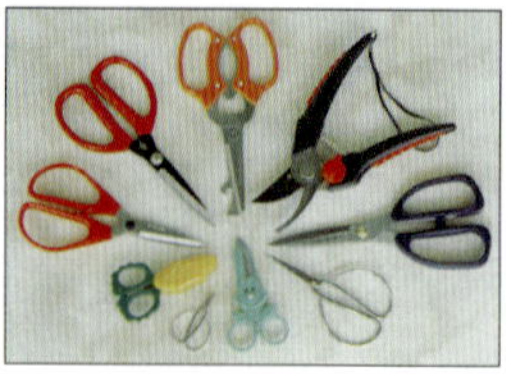

型号各异的张小泉剪刀

张小泉剪刀

杭州张小泉剪刀是我国著名的传统产品，已有300多年历史，它以质量好、品种多、价廉物美而驰名中外，盛销不衰。在一次剪刀评比会上，人们曾把五十层的细布叠在一起，用各种剪刀试剪，结果，其他的剪刀不是剪不下来，就是锁轴松垮，甚至崩刃，惟独张小泉剪刀，张开利嘴“咔嚓”一声，整齐利落，一次剪断。连剪五次，次次成功。检查刃口，锋利如故。香港的一家广播电视公司，还前往该厂摄取了一号民用剪一次剪断七十层白布不缺口，接着剪单层薄绸不带丝的精彩镜头。张小泉剪刀在1910年南洋劝业会和1915年巴拿马赛会上连续获奖。新中国成立后，在全国的历次剪刀评比中，均名列第一。近年来，还荣获国务院颁发的银质奖章和轻工业部的优质证书。

张小泉剪刀的出名与乾隆皇帝有关。传说，清朝乾隆皇帝第二次下江南到杭州时，有一天，乔装打扮上城隍山去游览，游兴正浓时，下起了雨。为避雨，他下山跑进了一间作坊，见门口招牌上写着“祖传张小泉剪刀”字样，便慕名买下几把带回宫去，使用后感到非常满意。以后，乾隆皇帝年年派人到杭州来采购张小泉剪刀，作为宫廷用剪。于是名声大振，身价百倍。据说，当时杭州打出“张小泉”牌子的剪刀作坊多达80多家，形成了“青山映碧湖，小泉满街巷”的盛况。

杭州碑林（孔庙）8

劳动路57号 87062125 8、38路吴山广场站 省级

杭州碑林门票

原是南宋杭州府学所在地，全国最高学府——太学也曾设于此。它又曾经是祭祀和供奉孔子的庙宇，所以人们又称它为杭州孔庙。

以原孔庙建筑格局为依托所建的杭州碑林，藏有唐至清代各类碑刻500多石，包括帝王御笔、地方史料、名家法帖、人物画像、水利图刻、天文星象以及儒学宗教、墓志等。当你步入宏宇高大的大成殿内，被称作“南宋太学石经”的85块碑石向你展示南宋太学的壮阔阵容和教育的鼎盛腾达。所谓“石经”，就是将朝廷选定的四书五经刻在石碑上，作为学生的标准读本。南宋太学石经由赵构皇帝书写，是现存惟一的御书石经。

人们喜称碑林是书法艺术的宝库，因为它积聚了历代书法家的法帖。杭州碑林的法帖廊展出了王羲之、王献之、苏轼、米芾、赵孟頫、祝允明、文徵明、董其昌、郑板桥等书法大家的碑刻。漫步在鳞次栉比的碑石之间，你会觉得自己徜徉在博大精深的书法艺术之宫，遨游在中国书法历史的画卷之中。

杭州碑林的“镇馆之宝”要数“五代石刻星象图”。它是目前世界上最早的一块石刻星象图，刻于942年，1965年从吴越国王钱元瓘墓中出土。该图星象位置准确，并有基本标线，二十八宿的附属星座齐全，是研究我国天文历史极好的文物资料。

杭州碑林还珍藏着我国古代绘画中的著名精品“贯休画十六罗汉刻石”和北宋杰出画家李公麟的“孔子及其七十二弟子像刻石”。十六罗汉像对当时乃至后世的绘画创作有较大的影响，它和圣贤像两组刻石分别有宋高宗和乾隆皇帝的御笔题赞，给人以艺术享受。杭州碑林不仅是杭州的一处旅游胜地，更是我国一座珍贵的刻石文物宝库。

杭州碑林内孔庙大成殿

于谦故居 ⑨

中山中路祠堂巷41号 8路惠民路站，或814路惠民路口站 市级 不开放

明代民族英雄于谦的故居位于吴山北麓的祠堂巷内，始建于明。于氏世居杭州，于谦离杭前的青少年时代都是在这里度过的，于谦在被害8年后，冤案得以昭雪，杭城百姓为怀念这位勤政为民的清官，将其故居建为怜忠祠，祠堂巷也因此而得名。1984年文物普查时于谦故居被发现，屋宇基本轮廓原貌尚存，四周风火墙犹在，故居内还存有石碑两块，由文物部门加以修缮。

于谦是杭州的骄傲，他所作的七绝《石灰吟》"千锤万凿出深山，烈火焚烧若等闲；粉身碎骨浑不怕，要留青白在人间"，是他高尚清白的人生境界的生动写照。

南宋太庙遗址公园

南宋太庙遗址 ⑩

中山南路西侧太庙巷以北 13路上仓桥站 国家级

太庙是古代帝王祭祀祖先的庙室，是仅次于皇城的一处重要场所。1995年杭州市文物考古所发现南宋太庙的东围墙、东门门址和大型夯土台基等遗迹。太庙东围墙发掘长度约90米，围墙厚1.7米，残高1.5米，墙面工整平直。围墙北端外侧发现一方形石砌遗迹，边长为1.5米，推测是太庙大门两侧置放石狮的台基。东门门址位于围墙中段，宽约4.8米，底部用长方形砖竖砌。夯土台基用黄黏土夯筑而成，厚约0.5米，揭露面积为250平方米。夯土台基北侧，有一东西向的砖墙，长9米，宽0.35米，台基东侧尚存部分砖面，其中部分长方砖一端有模压文字"官"、"平二"、"上一"等。南宋太庙遗址的发现是南宋临安（今杭州）城考古的重大突破，也是我国城市考古史上的一次重要发现。为保护这一重要的南宋历史文化遗址，杭州市政府决定终止在遗址地块上的原建设项目。同年底对已发掘的太庙遗址实行掩埋式保护，并在此规划建设南宋太庙遗址公园。1998年国庆前夕，遗址公园建成并实行敞门式开放。

南宋太庙遗址

前廊楹联

胡庆余堂 ⑪

河坊街大井巷95号　814路清河坊站，或8、13、K13路鼓楼站　87815209　国家级　胡庆余堂中药博物馆

制药铁船

地处杭州城东南部，背依吴山。历史上，这一带曾是杭城的商业中心。胡庆余堂国药号创办于清同治十三年（1874年），它与北京同仁堂并称为南北国药老店。

胡雪岩像

创始人胡雪岩认为：“凡百贸易均沾不得欺字，药业关系性命，尤为万不可欺。”自书“戒欺”二字为座右铭，高挂堂中，以为经营宗旨。胡庆余堂产品选材地道，验方独特，碾制精细，药效优良，自药号问世以来，载誉不衰，产品遍布神州大地，驰誉海外，深受人们的厚爱和信任。胡庆余堂在百余年的生产和经营过程中，不断拓展，挖掘中华医药经典，为推进和发展祖国医药事业作出了巨大贡献。

胡庆余堂店堂创建于光绪四年（1878年），占地八亩余，共有二进，呈“前店堂后作坊”之布局形式，为清代末期中药坊兼门市的典型。这种独特的布局满足了问诊、经营、生产及管理

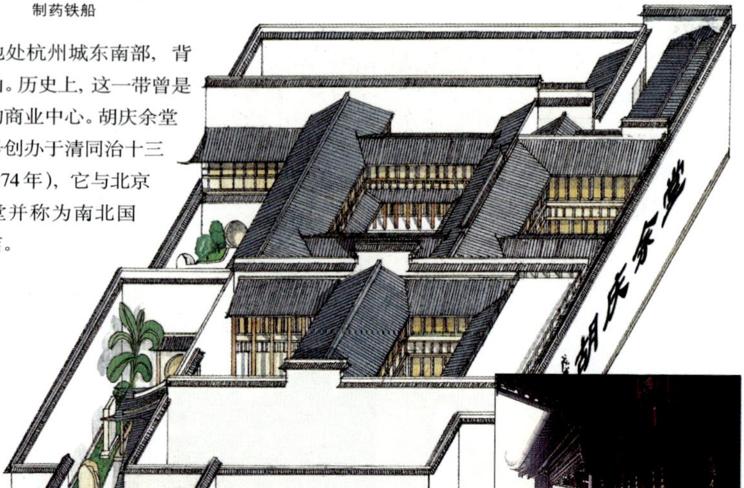

胡庆余堂全景模型

鹤颈长廊

传统制药工具

传统制药工具

营业厅

药局营业厅内景

药局大门的砖雕门楼

营业厅一侧的清式药柜和青花药缸

的需要，同时又吸收了江南传统民居建筑以院落为空间单元的特点，每进建筑四周为高墙，中为长生弄，墙间辟门，这不失为解决交通和防火的良策。整个建筑用材精良，梁枋雕凤刻龙，牛腿精镂细刻，格扇裙板雕吉祥博古，二层檐间饰垂花柱。店堂联、匾、门对、招牌一色的金字，显得富丽堂皇。同时还非常注重建筑群的前导空间和环境气氛处理，在店堂前筑起“神农式”青砖高墙，然后设以鹤颈长廊，旁配美人靠，弯弯曲曲地进入店堂，给顾客留下深刻的印象，并为古老的建筑群和悠久的胡庆余堂国药号增添了无穷魅力，不愧为我国古代建筑中杰出的商业性古建筑群。1990年，在这里建成我国惟一的国家级中药专业博物馆——胡庆余堂中药博物馆。

胡雪岩

（1823—1885）名光墉，仁和县（今杭州）人，祖籍安徽绩溪。自幼聪慧，精明干练。清咸丰十年（1860年）自开钱庄，后又在左宗棠任浙江巡抚时因力助左宗棠而受到重用，财力日渐丰富，钱庄遍布南北，资金达二千万元以上，田地万亩，成为显赫一时的“红顶商人”。后因经商破产，郁愤而死。

潘天寿纪念馆 ⑫

南山路景云村1号
87912845 K4、12、30、K30路钱王祠路口站 市级 不定期

这里原是潘天寿的故居，1981年9月辟为潘天寿纪念馆。1983年5月，潘天寿的子女遵照潘夫人何培的遗嘱，将潘天寿的120幅遗作献给国家，由纪念馆收藏。

潘天寿像

潘天寿纪念馆是目前文化部所属惟一的画家纪念馆，包括90年代初新建成的精品陈列主楼1027平方米、故居楼（40年代的小洋楼）331平方米及一个别致的庭院。故居楼的底层中间，原为潘天寿的画室，一张宽大的画桌上，整齐地摆着各种传统绘画用具，书柜内，贮藏着潘先生生前爱读的书。画室的后面是卧室，相连接的另一间陈列室里，陈列有潘先生生前活动的照片、遗物。精品陈列楼的三个现代化陈列厅里，陈列着潘天寿的《雁荡山花》、《雨霁》、《梅月图》、《耕墨》、《映日荷花》、《雄视》等作品。潘天寿纪念馆里，有潘天寿各个时期的代表作，是国内保存潘天寿作品最多最全的地方。

潘天寿

（1897—1971年），原名天授，字大颐，自署阿寿，浙江宁海人。潘天寿是一个以画、书、诗、印相结合的独特画家。建国后，历任中央美术学院华东分院副院长、浙江美术学院院长、美协浙江分会主席、前苏联艺术科学院名誉院士。

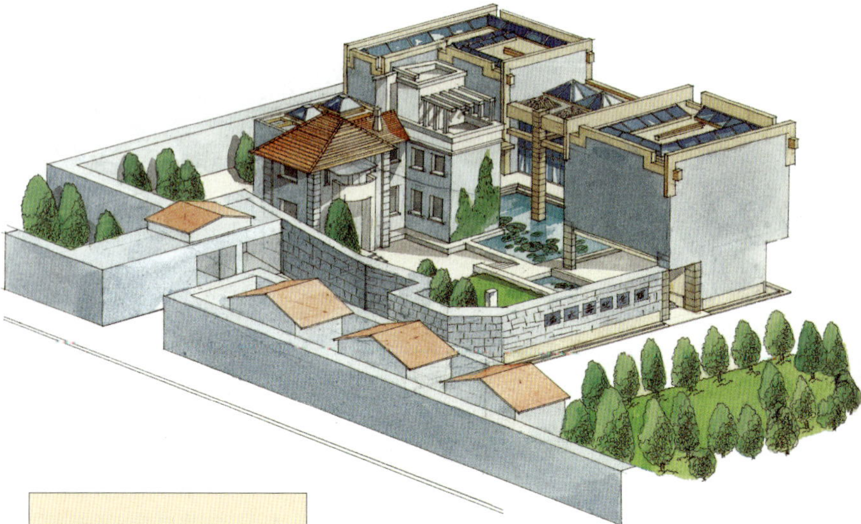
潘天寿纪念馆手绘三维图

游览须知

★纪念馆的陈列厅有潘天寿作品常年展出，定期轮换。可自备工具临摹，不能摄影。

相国井 ⑬

解放路与浣纱路交汇处西北侧 152路浣纱路站 市级

唐代时，杭州城区濒临钱塘江岸，常受江潮侵袭，致使城区内地下水常带有苦咸味，饮水成为市民的一大困难。李泌在772年—789年任杭州刺史期间，组织民工、调集财力在城区井亭桥等处相继开凿了六口水井，井水甘洌可饮，常年不枯，可使杭城百姓免受饮咸水之苦。李泌不久升任为宰相，杭州市民为纪念他勤政为民的业绩，将井亭桥旁的一井取名为相国井。现存的井为1980年由文物部门重修设置。

凤凰寺 ⑭

中山中路227号 87029141 13、K13路惠民路口站，或K7路耀江广厦站 国家级

又名真教寺、礼拜寺、回回堂。位于中山中路西侧，北邻官巷口，南接羊坝头，背倚三桥址，为我国东南沿海四大伊斯兰教古寺之一。

凤凰寺

唐、宋时这一带尚濒临海湾，人们在此筑坝御潮。外国商人漂洋过海到此登岸经商，故称洋坝头，今传为羊坝头。该寺原收藏的一砖雕铭文“宋杭州定造京砖”可证，寺始建于宋代。南宋定都杭州后，外商蜂拥而至，其中穆斯林就居于羊坝头、保佑坊一带，他们的宗教仪式都在凤凰寺内举行。南宋嘉泰三年（1203年）凤凰寺被毁，元至元十八年（1281年）波斯人阿老丁出资重建，此后凤凰寺十分兴盛。凤凰寺屡经修缮，寺内建筑壮丽古朴，鸟瞰全寺，形如展翅翱翔的凤凰。

凤凰寺至今仍保持着别具一格的伊斯兰教风貌。周围墙高五六丈，大门有彩绘阿拉伯文匾额。第一进门厅为三层高楼，是寺内“鹤立鸡群”的最高建筑。中设穹形拱门，入门有望月楼，伊斯兰教斋戒月时在此观赏新月以确定斋月起讫日期。从外殿进入主建筑大殿，即具有浓郁阿拉伯传统风格的礼拜殿。该殿为“无梁殿”，全部用青砖砌筑，以拱券分隔为三间，顶部覆以半球形圆穹顶，绘有彩色花卉、鸟雀等图案，屋面有三座八角攒尖顶，屋顶筒板瓦垄，翼角高翘，盖五色琉璃瓦，间置风铃，顶端各置铜质葫芦，颇具特色。寺内还建有碑廊，保存有若干历史碑刻。礼拜殿内设有“读经台”，用青砂石刻制，须弥座石雕为宋代遗物，构图流畅明快，倚墙而立的高大木雕刻《古兰经》经函，为明景泰二年（1451年）重建真教寺时制作，匾涂丹漆，上贴金色阿拉伯文《古兰经》经句，缀以回文等精细图案，雍容华贵。后墙正中设有神龛，是穆斯林举行宗教仪式的膜拜对象。左侧有宣喻台，为教长阿訇说教的席位。

相国井

杭州基督教青年会钟水塔

杭州基督教青年会 ⑮

青年路27号 87017037 151、152路官巷口站 省级

杭州基督教青年会现存会址由主楼及钟水塔组成。主楼初建于1918年，整幢建筑坐西朝东，旁边有一健身房，建筑面积2700平方米，由北美基督教青年协会捐助。初建时主楼平面为“H”形，三层西式洋房，外墙用清水砖，一层为平顶窗，二、三层用拱券窗。东面正中为五开间，一层立四根高大粗壮的塔斯干柱，二层的塔斯干柱较低矮。三层均设外廊，二层门廊外做成半圆拱券，三层外廊露天。三层之上设有一屋顶花园。现会所主楼1988年按原结构整修而成，共四层。外墙加贴绛红色毛面砖，除三层外，一、二层未作变动。屋顶为坡状顶，保留了原有的建筑格局及西式外观。

钟水塔建于1919年，其下为会所之前门，设在国货路与青年路交汇处，入口做成半圆拱券形。塔平面呈方形，面积连耳房在内约25平方米，高度相当于现在的五层楼房。楼内铁质大钟为美国波斯顿公司铸造，重1200公斤，有四面向外展示的钟面，为当时杭州标准的报时钟。塔顶建有一蓄水池。钟水塔由上海商务印书馆及地方各界人士捐资建造。经过70多年的风风雨雨，塔楼仍保存完好，为杭城保留下来的建造较早的近代西式建筑。此类形式和格局的基督教会所在欧美国家中也已不多见。

青年会成立于1914年，以“非以役人，乃役于人”为宗旨，举办健身健美、平民识字班、卫生与爱国方面的演讲会、赈灾等活动。1942年，该会的第一任总干事鲍乃德（美籍人士）在重庆受到中共代表周恩来的接见并合影留念。20世纪90年代后，该会以社区发展为工作重心，开展多方面的职业教育和培训等活动，建立了较完备的社会服务网络，产生了良好的社会效益。近年来还与英、美、加、日等国及港台地区的青年团体进行友好往来。

杭州基督教青年会主楼

浙江兴业银行旧址 ⑯

中山中路三元坊巷 814路羊坝头站 省级

始建于民国12年(1923年)，是民国北洋政府时期全国最大的一家商办银行。

主体为一幢五开间、部分三层的仿西洋古典式建筑，钢筋混凝土结构，花岗岩贴面，爱奥尼克柱式门楼，建筑中部冠戴高突的圆顶，强调出建筑物的主轴线。建筑内部用材和装修考究，高档木料大部分从胡雪岩旧居购得。整幢建筑造型宏伟，保存较为完整，是省内现存首屈一指的近代银行建筑。

涌金广场 ⑰

延安路135号 87071461 K7路人民大会堂站

2001年9月开业的涌金广场是一座主体高五层的特大型商业中心，总建筑面积10万平方米，集购物、娱乐、餐饮、观光、商住、银行、宾馆于一体，物业和配套设施堪称一流。

浙江兴业银行旧址

武林广场 ⑱

延安路北端 11、K11、26、28、K28、游5路武林广场站

位于延安路北端，南沿体育场路，北至浙江展览馆，略呈长方形，是一座融雕塑、喷泉与绿地为一体的综合性广场。面积4.73公顷，其中，喷泉及绿地2.3公顷。东、西两侧通道沟通体育场路与环城北路。广场位置原是杭城北城墙内侧武林门至小北门间的空旷地段，1962年拓展延龄路(1966年改称延安路)北段时，从体育场路延伸至环城北路。1968年，在延安路延伸段上兴建毛泽东思想胜利万岁展览馆(1972年改称浙江展览馆)和馆前广场，1969年竣工，称“红太阳”广场。广场由红地砖场地，东、西、中通道及草地、旗杆等组成。1984年，拆除旗杆，建造大型声控音乐、彩灯喷泉，更名为武林广场。喷水池面积977平方米，池中设3个手持红绸、翩翩起舞的少女主雕，周围设置5个演奏不同民族乐器的少女辅雕，隐含广场于建国35周年落成以及杭州于5月3日解放两层意思。有喷头172只，主喷头水柱高达32米。入夜，华灯辉映水中，色彩缤纷。

入夜的武林广场

武林广场鸟瞰

杭州新扩城区

2001年3月13日，杭州市政府正式宣布：经国务院和浙江省政府批准，撤销萧山市和余杭市，同时设立萧山区和余杭区，与杭州原六个区一起构成一个新杭州。

余杭区位于杭州市北部，地势西高东低，大部平原，小部山丘，沪杭、宣杭铁路贯穿东南，沪杭甬高速公路穿境而过，京杭运河、北苕溪、上塘河水运忙碌。清水丝绵、塘栖枇杷、超山青梅、临平甘蔗、三家村藕粉等土特产各具特色，闻名遐迩。被考古界誉为“中华文明的曙光”的“良渚文化”遗址位于良渚、长明一带，现为全国重点文物保护单位，建有良渚文化博物馆。另外还有超山、径山等风景区。

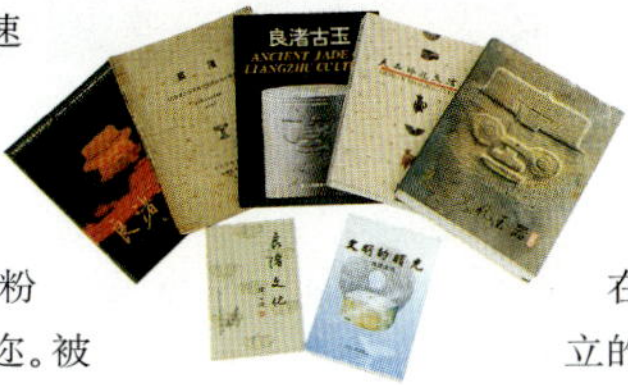

记述良渚文化的书籍

萧山区位于钱塘江下游南岸，地属浙北平原区，地势南高北低，萧山三黄鸡、萧山萝卜干、杜家杨梅、诸坞青梅、湘湖莼菜等产品驰名中外。萧山历史悠久，旅游资源丰富，境内有良渚文化遗址——蜀山，建于东晋的祇园寺，建于南朝的江寺，岳飞抗金时行军驻足并刻有“宋岳武穆行军经此饮潭水而欢”的欢潭，清代抗英名将葛云飞墓，还有在中国共产党领导下最早成立的农民协会——衙前农民协会旧址。“壮观天下无”的钱江大潮更是令人神往。环境优美的湘湖，古迹颇多，物产丰富，湘湖旅游度假区的开发已列入浙江旅游发展规划。

本区名胜

良渚文化博物馆 ❶
超山 ❷
塘栖广济桥 ❸
径山寺 ❹
东明山森林公园 ❺

图例说明

❶ 景点编码

导览说明

本区介绍的景点距离杭州老城区较远，但它们各有特色。自然风景与人文景观相呼应，别有一番趣味。

交通路线

有的景点从杭州老城区坐公交车可直达，有的需分别坐车到余杭、萧山后转车才可到达。

良渚文化博物馆 ❶

余杭区良渚镇 88778900 313路良渚站

良渚文化博物馆外景

良渚文化遗址位于余杭区良渚、安溪、瓶窑镇一带，保护区范围33.8平方公里。良渚文化是距今5300～4000年长江中下游环太湖流域新石器时代晚期的一支重要古文化，发现于1936年，以黑

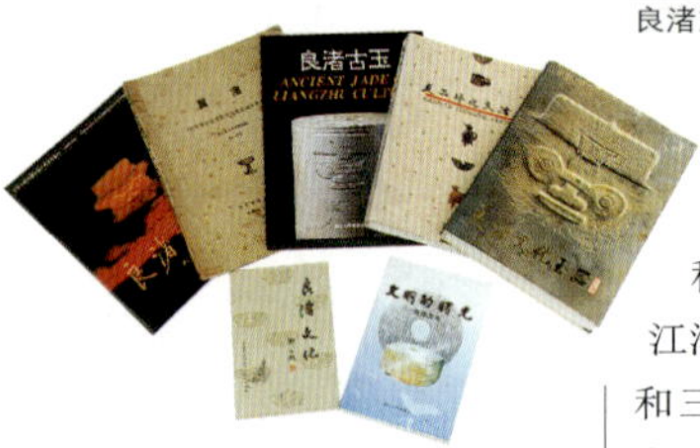

记述良渚文化的书籍

陶、玉器、石器为主。1994年，遗址被联合国教科文组织列入《世界遗产名录》预备清单。博物馆占地1万平方米，主楼面积1600多平方米，馆名为江泽民主席所题。内设序厅和三个展厅。序厅著有馆序，西面石块墙上有赵朴初先生书写的“文明曙光”四个大字，高度概括了良渚文化的历史学术价值。

超山 ❷

余杭区临平镇 86311272 上塘路杭州钱江服装小商品市场内有汽车直达

超山位于杭州老城区东北29公里处，因主峰突兀于龟、蛇二山之间，似超然独立而得名。

自唐代以来，超山就以赏梅胜地而闻名，有“十里

超山梅景

塘栖广济桥

梅花香雪海”之誉，体现“古、奇、广”三绝之特点，为江南三大探梅胜地之一。梅林中的“唐梅”、“宋梅”历经千年，依然生机勃勃。景区以大明堂为中心，附近有宋梅亭、浮香阁、近代艺术大师吴昌硕先生之墓及纪念馆等古建筑。通过1200多级石磴道，可登临超峰，途中有翠筠亭、疏影亭、云岩寺泉、虎岩等多处名胜，尤以“十八道香蕉湾”最为险胜。山顶巨石，形状怪异，若八仙，若天门，如石笋，如翠屏，为超山奇景。

塘栖广济桥 ❸

余杭区塘栖镇 532路塘栖站或上塘路杭州服装小商品市场内有汽车直达 省级

京杭运河穿越古镇塘栖，条条支流延伸入镇。旧时塘栖以河多、桥多、塘多、漾多著称，街市沿河，过街楼和美人靠隔河相望，行人晴天无须撑伞遮日，雨天不用披蓑戴笠。塘栖素有“七十二爿半桥”之誉，一座座古朴庄重、风姿各异的小桥，将古镇别致的街市串在一起。

广济桥始建于唐，是今京杭运河上仅存的七孔长桥，誉为京杭运河第一桥，至今雄姿不减。

径山寺 ❹

余杭区 88601090 武林广场北侧 杭州—径山中巴

径山位于杭州老城区西北50公里，因由两条小径盘旋直上天目山，故名径山。径山有两最：一是古刹径山兴圣万寿禅寺，二是“径山茶宴”名闻遐迩。“茶宴”是径山寺以茶代宴的一种专门仪式，内有献茗、闻香、观色、尝味、论茶、交谈等程序。日本茶道就是在700多年前由径山的茶宴演变而来的。

径山寺始建于唐代，宋代最兴盛时有庙宇千余间、僧众三千余名，被评定为当时江南五大禅院之首，是日本佛教临济宗的祖庭。径山寺古迹现已恢复，对外开放。

径山寺钟楼

东明山森林公园 ❺

余杭区安溪镇 88797166 313路长命桥站，步行

占地面积450余万平方米，境内群山环绕，森林茂密，翠竹郁郁葱葱。吸引游人的还在于冬暖夏凉的适宜气候，这里年平均气温在14.8℃～15.7℃之间。另外，始建于明代的东明寺遗址已辟为爱国主义教育基地，尚有传为遗迹的明建文帝所植的金银桂、望君山遗址、程济与群仙馆的传说等。公园内设有供住宿、就餐的翠竹山庄，以及垂钓、狩猎、自助烧烤、民俗风情苑等娱乐设施。

旅行资讯

ACES
麦片
皇室麦片
国农业银行
GRICULTURAL BANK OF CHINA
浙江省供销社工业品总公司

行在杭州

杭州交通发展十分迅速。目前国内航线已达39条。2000年底，杭州萧山国际机场建成通航，设计旅客吞吐量达到800万人次。杭州铁路新客站也于1999年12月正式运营，杭州始发列车有24条线路，并配有杭州—上海、杭州—南京、杭州—无锡的旅游专列7对。通往杭州市的公路网也十分发达，主要有沪杭高速公路、杭宁高速公路、杭甬高速公路和杭金衢高速公路。杭州还有京杭运河与钱塘江两大水系，每天都有开往苏州、无锡的旅游客运航班。

公交空调车

杭州的市内交通也十分便捷通畅，公交线路遍布市区，以“桑塔纳”、“富康”车型为主的出租车穿梭在杭州的大街小巷。另外，还有一些客运脚踏三轮车，也是杭城一道靓丽的景观。

如何前往杭州

外地游客前往杭州，选择航空、铁路、公路等交通线路都十分方便。国内30多个主要大中城市都有直航的定期航空班机。铁路主要枢纽是杭州铁路新客站和火车东站。长途公交更是呈四通八达之势，分别从全国各地开往杭州的汽车东、南、西、北四个站。经提速后的铁路和公路交通，价格适宜、安全舒适，是外地游客前往杭州的上佳选择。

航空客运

坐飞机出门旅行，常常成为许多市民的出门首选。早在1991年，杭州机场的旅客吞吐量就突破了100万大关，从全国机场排列的第29位跃居到第8位。目前，杭州机场年旅客吞吐量已达200多万，通航城市多达52个。如今，从杭州买票上机，你可以直飞曼谷、香港、北京、广州、深圳、珠海、海口、汕头、桂林、昆明、贵阳、长沙、武汉、郑州、太原、成都、重庆、西安、乌鲁木齐、兰州、厦门、福州、晋江、南昌、南京、济南、青岛、大连、沈阳、哈尔滨、长春、温州等30多个大中城市，其中到香港、北京、广州、深圳、福州、厦门、温州等地已实现每日1个到数个航班。

杭州萧山国际机场

位于萧山区新街镇东，距杭州市中心27千米，占地480余万平方米。机场道路两旁是绿树和草坪，以园林广场和人工湖为主的绿化面积近200万平方米，占机场总面积的40%。10万平方米的候机楼卫星厅架起了一座座登机桥，高低错落的波浪形金属屋顶与巨大的玻璃幕墙营造出一种明快和简洁的现代氛围。飞行区内有一条22万平方米的停机坪和一条长达3600米的主跑道，可起降波音747–400型客机。杭州萧山国际机场是国内重要的干线机场和国际定期航班机场，同时也是上海虹桥机场和浦东国际机场的备降机场。

空服务电话

萧山国际机场：86661236
飞达航空公司：85152600
上海航空公司：85119528
东方航空公司：87016688
航华航空公司：87055168
港龙航空公司：85068388
中航浙江航空公司机票预订（免费送票）：96566
民航售票处机票预订（免费送票）：85154259
海外旅游航空服务热线：87815092
海外旅游航空订票热线：87822215

铁路客运

据统计，杭州铁路客运量达到全市总客运量的40%以上，平时，日发送量约25000人。而节日，游客猛增，2000年5月1日竟达到6万人左右，是平时的2倍多。

杭州铁路新客站

杭州铁路新客站为杭城标志性建筑之一，1997年9月26日奠基，1999年底竣工。同年12月28日正式投入运营。这座全国一流的铁路客站，采用“高架站前广场—站房综合楼—高架候车厅”的纵向立体组合和地下、地面、空中三层结构，外观呈米黄色“门”字形，长256米，高71.5米，总面积达7.9万平方米，共十八层。整幢建筑布局新颖，气势恢宏，旅客进出按“高进低出”的方式，使进出站旅客各行其道。客流量每小时最高可聚集1200人次。

旅客须知

★ 紧急情况下，可通过车站绿色通道购票，也可直接上车补票。

★ 旅客购票后，应看清楚上车点是新客站还是火车东站。

杭州铁路新客站问讯电话：87829418 87929424

火车订票电话：9500117788

杭州铁路售票点

代售处名称	地址	预售
新客站售票处	城站火车站二楼右侧	当日起3日内
东站售票处	杭州火车东站	当日起3日内
浣纱路联运售票处	浣纱路147号	当日起4日内
武林门售票处	武林路199号	当日起4日内
体育场路代售处	体育场路149号	当日起5日内
德胜路代售处	德胜路58号	当日起5日内

新客站始发公交车

游2路至灵隐
3、K3路至大关小区
K7路至灵隐
11、K11路至翠苑新村
21、K21路至浙大
39、K39路至闸口
151路至拱宸桥
156、K156路至翠苑四区
K518路至火车东站
K555路至汽车北站

西湖游船

西湖游船，是游湖的主要交通工具。目前西湖大小游船有近百条，这些游船按类别可分8种，即游艇、画舫、渡船、电瓶船、手划船、自划船、脚踏船、动物船等。

游艇装饰豪华，主要用来接待外宾、华侨等旅游团体，能容纳几十至上百人，船体呈流线形，大玻璃自助窗，游湖观景，四季皆宜。

画舫装饰古雅，雕梁画栋，花窗宫灯古色古香，颇有“船在湖中行，人在画中游”的雅趣。夏天还饰以霓灯，夜游西湖，更有一番诗情画意。

渡船船体颇大，速度较快，一次能容一二百人，价廉实惠，穿行于湖中三岛，上下方便。

电瓶船船体轻巧，上有篷盖，舱有沙发，有16至20余座位不等，既可团体包租，又可个人购票。由于轻盈方便，在西湖中为数最多。

手划船是西湖中仅存的传统游船，专设一位船工划船。一般设6个座位，舱设圆桌，配有茶水，游客可按需行驶，快慢自便，悠闲自在。船夫亦可为你当导游，边划边作介绍，对时间充裕的旅游者来

大型画舫

说是上选的游湖工具。

自划船是一种以小时计费的出租木船，游客可以结伴自划，任意观景，受家庭游湖者欢迎。

脚踏船主要集中在里西湖、岳湖水面，游客可以像踩自行车一样游荡湖际，谈情说爱的游客最爱租用。

动物船设在儿童公园湖面，以鹅形为多，饰以各种颜色，鲜艳夺目，专供携带小孩游湖的年轻父母租用。

以上游船，已成为湖上一道靓丽的风景，但就其形状、式样来说，也经历了历史的变迁。据史料记载，西湖游船自唐朝开始就已盛行，当时船头有龙形、鹿头形的，也有把船体漆得通红的，称为“游红”。到了清朝，官绅们为了接伴同游，开始用较大的船舫，并取苏东坡“淡妆浓抹总相宜”名句中的诗意，将船冠以“总宜船”、“镜中缘”等雅号。那时也有小的“瓜皮船”，又叫“划子”，由于这种船体型小，船身浅，两头尖，容易操纵，观景从容自如，颇受游客欢迎。西湖游船发展到今天，不仅设施更为先进，乘坐更为舒适，而且还在56条电瓶船、6条大机船上配备了电子导游，使游客在观赏西湖美景之余获得知识。

游艇

在湖滨悠闲等待游客的手划船

运河水上旅游项目

组织单位：杭州运河旅游服务公司

环城北路138号

85152065

天堂号

17：30发往苏州，18:00发往无锡，隔日发班

我国内河航运较豪华的游轮，采用全封闭设计，配有高级镭射音响，并设卡拉OK厅、舞厅。

龙井号、虎跑号

17：30、18：00发往苏州或无锡，隔日发班

全封闭设计，多功能厅配有整套进口灯光、音响、卡拉OK系统，尾部设有开放式观光平台。

钱塘江水上旅游项目

组织单位:杭州钱塘江旅游公司

南星桥浙江第一码头旅游客运大楼 86061834

富春江24小时游

20:00—翌日20:30

玉皇号

南星桥第一码头（上船）—钱塘江大桥—复兴大道—抗咸工程—之江度假村—六和塔—桐庐秀色—富春江电站—富春江小三峡—葫芦瀑布—严子陵钓台

有卡拉OK、舞池、棋牌等娱乐设施，并设有餐厅。

钱塘江夜游

19:30—22:30 玉皇号

观钱江两岸夜景

钱塘江一日游

08:00—17:00

玉皇号 钱塘江—富春江—鹳山—农家乐

RENJIA
杭州人家大酒店

公路客运

杭州市高速公路、一级公路已有300多公里，高级、次高级路面达到4145公里。杭州已形成总长123公里的绕城公路，为“一环”，东南西北为杭沪、杭甬、杭宁、杭金衢高速公路，以104、320国道和02省道等7条放射状交通线为“七射”的高等公路基本框架。

长途大巴

杭州的公路交路网按远近距离可分为“三圈”。第一交通圈为绕城公路，110公里的时速1小时就可绕城一圈。第二交通圈为萧山、余杭两个区与下辖五个县(市)，从杭州老城区出发，2小时内即可达到。第三交通圈为离杭州最远的省内城市车程，将由现在的6个小时减少到4小时。随着苏嘉杭、杭宁高速公路的建设以及02省道临安段的竣工，再过二三年的时间，杭州到南京、无锡、苏州等城市，只需2小时，而到黄山也只要4个小时就够了。

进入杭州的入口

通往杭州闹市区的道路，可以称得上是四通八达。公路有7处入口：一是大井立交入城口，北接沪杭

市区交通干道

高速公路，东西与杭州外环线相交；二是彭埠立交入城口，地处杭州东大门，既是沪杭甬高速公路的出入口，又是杭州经济技术开发区的第三通道；三是钱江三桥南接线入城口；四是留下立交入城口，位于杭州老城区西部，天目山路与绕城公路交叉处；五是杭新公路入城口，位于之江路与杭富路交叉口，是西湖风景区和之江国家旅游度假区的主要出入口；六是祥符入城口，位于莫干山路与石祥路交叉口；七是石祥路与上塘路交叉口，正在建造一座大型立交桥。

长途汽车站

目前杭州市(不含萧山、余杭二区)已有4个长途汽车客运站，始发班车东达舟山沈家门，南到深圳特区，西到湖北宜昌，北往山东青岛，直达全国十二省一市，日发客运班次近1700余班，平均每天输送旅客3～5万人次，形成了以杭州为中心，以1500公里为半径的扇形覆盖面。

杭州市区交通

杭州市公共交通业始创于1922年。当时永华汽车公司开辟从湖滨开往灵隐的第一条公交线路。现有运营车辆2100辆，空调车550辆，公交线路160多条。市区线路高峰时段乘客候车时间平均为4～6分钟。

环湖旅游观光大巴

杭州长途汽车站
★汽车东站 艮山西路215号 86948252 19路、20路、31路、33路、35路、56路、502路直达
★汽车南站 秋涛路407号 86064785 14路、20路、39路、44路直达
★汽车西站 西溪路112号 85222237 30路、49路、502路直达
★汽车北站 莫干山路758号 88097761 15路、155路、333路、503路、K516路、K555路直达

住在杭州

目前杭州市区各类饭店共有2000余家，总床位14万余张。这些饭店中，预备五星级1家，挂牌四星级5家，超四星或准四星级6家，挂牌三星级24家，准三星级30余家，二星级20家，以及各类中低档饭店千余家。

浙江国际大酒店

这些饭店游客平均入住率均达到60%左右，春节、“五一”、“十一”等长假时，更体现了“假日经济”火爆的特色，2001年的“五一”节七天里，来杭游客大约在130万人(不包括通过民航抵达和自备车辆来游玩的游客)，饭店纷纷采取加床的办法，有的甚至将浴室改成临时旅馆。长假前三天，旅馆的入住率达到100%以上。2000年9月以后，杭州又批准了个人家庭旅馆营业。

杭州五洲大酒店大堂

订房

外地来杭游客，订房方式主要有两种：一是自己上门订房，一般饭店会根据客房淡旺情况予以九折至八折的房价优惠；二是委托旅行社订房，旅行社接受委托后，与游客签订合同，收取一定比例的订金，经过传真操作、书面确认后，游客直接入住。房费一般由游客向委托的旅行社现付。委托订房有两大优势：一是有订房保证，万一不能兑现，可按合同索赔，二是优惠幅度较大。

国际酒店集团连锁饭店

杭州的高档豪华饭店中，有近十家国际酒店管理集团管理的饭店，如香格里拉集团管理的杭州香格里拉饭店、法国雅高酒店管理集团管理的杭州海华大酒店、SIX CONTINENTS集团管理的杭州国际假日酒店、香港中旅酒店管理的杭州五洲大酒店等。此类饭店无论服务、硬件设施等都是杭州一流水准。

杭州五洲大酒店客房

杭州五洲大酒店

普通旅馆及招待所

分布在大街小巷的各类旅馆、招待所也很多，住宿条件比较普通，价格低廉，定价一般在15～30元／床，比较适合较低消费旅行的游客和学生。

城市大饭店

杭州的城市大饭店从八九十年代开始得到较大规模的发展，这些饭店的建筑风格各异，硬件设施达标，软件服务日臻完善，因价位更易为游客接受而成为入住首选。

中档饭店的分布

杭州的中档饭店有百余家，其中位于市区的多为饭店、宾馆、大酒店，位于西湖风景区的多为山庄、度假村。

浴室的廉价铺位

分布于各居住区的公共浴室夜晚能够提供临时廉价铺位，价格一般在10～20元／床，开放与否随浴室经营情况和季节而变化。如选择浴室过夜，惟一办法是事先咨询和寻找。

家庭旅馆

这类旅馆是为缓解杭州旅馆高峰期的住宿紧张而自发产生。住家庭旅馆，其主要好处在于能深入市民家庭，同吃同住，这对于学生和自助旅行者是一个不错的选择，若相处融洽，会对你的旅行产生意想不到的效果。但该项服务须经公安部门批准，一般限定在三大长假阶段。杭州《都市快报》85100000热线提供此类住宿信息。

房价

饭店根据不同的档次、规格制定房价，并根据淡旺季作不同程度的季节性调价。

杭州各类客房参考价位（元）

客房种类	四星标准	三星标准	二星标准	普通饭店
豪华套房	2180	880	/	/
套房	1680	680	480	/
豪华标准间	980	580	450	398
标准间	880	480	380	320
单人间	680	380	300	220
加床	120	90	60	50

杭州香格里拉饭店

吃在杭州

杭州素有“天堂美食之府”之称。1956年，东坡肉、西湖醋鱼、龙井虾仁、干炸响铃等36种杭帮菜被认定为杭州名菜。近年来，杭州菜在继承传统的基础上，挖掘和恢复了一批历史名菜，又融会了各地风味，使南北口味得以水乳交融，“西湖十景菜”等创新名菜纷纷涌现，呈现全新面貌，掀起了一股杭菜热。上海等地的消费者把现在的杭州菜称为“新派杭州菜”。

张生记酒店包厢

杭州菜历史悠久，其选材时鲜，制作精良，口味讲究清、鲜、脆、嫩，同时又注重色彩的搭配，令消费者在享用美食的同时获得了色香味形的舒适感。

在杭州餐饮业火爆的同时，杭州的餐馆更是日新月异，餐馆规模越来越大，档次越来越高。更有甚者，一些餐饮业的“航空母舰”已从杭州进入上海、北京，外地开始掀起杭菜热。

价位

杭州中高档餐馆和普通中小餐馆之间的差价并不大，基本属于大众消费，200～300元可以吃得很好，因此杭州的知名餐馆大都顾客盈门，经常需要提早至少半天订座，不然订不到包厢。服务费和税都含在定价之中，不需额外加收，也没有另收包厢费的习惯。

杭州新食为先大酒店

老字号菜馆

杭州老字号菜馆有“楼外楼”、“知味观”等 。这些老字号在市场竞争中，勇于探索、不断创新，利用自身人才资源、技术资源、品牌资源的优势，提高质量，加强管理，如今仍然在杭州美食之林中占有举足轻重的地位。

餐饮连锁店

近几年来杭州的餐馆越开越大，有的酒店不仅在本地开出了连锁店，冠以“新喜乐”、“新阳光”等店名，而且远至上海、宁波开出分店。一个以杭州为核心，辐射沪杭甬的餐饮美食网络正在逐步形成，杭州美食吸引了远近食客，成为餐饮界“师承创新，面向大众”的成功典范。

最新知名酒家

杭州最新知名酒家异军突起，这些酒家规模较大，一般餐位在500个以上，且有很多装饰豪华的包厢。餐馆不仅在菜肴上重视特色，而且在用餐环境上也十分讲究氛围。餐馆的取名更是匠心独具，有富丽堂皇的“娃哈哈”，更有“东方渔港”、“万家灯火”，“海上明月”，“蔚蓝海岸”，“杭州人家”……让人听名如同听景，在大快朵颐之余得到视觉、味觉、听觉的享受。

◁ 蓝宝大酒店外景

团队游客定点餐馆

外地游客来杭，如参加旅行社的团队，一般由导游带到旅游局指定的定点餐馆用餐。这些餐馆分为两类，一类是涉外定点餐馆，适合于外宾、港澳台团队及散客就餐，另一类是国内旅游定点餐馆，适合国内旅游者就餐。内宾团体用餐，一般正餐10人一桌，八菜一汤，用餐标准每人20元左右。杭州市旅游局指定的涉外定点餐馆有：楼外楼、天外天、山外山、知味观、胡庆余堂药膳发展中心、太子楼大酒店等。

宾馆附设餐厅

各地名菜

全国各地菜肴在杭州也占有一席之地，最著名的当推京菜和川菜。京菜有“全聚德”烤鸭、“东来顺”涮羊肉，在京城有“菜肴皇帝”之称的谭家菜已落户杭州，吴山路上还出现了专门做北京小吃的店铺。川菜也得到了杭州消费者的青睐，尤其以辣著称的麻辣烫、鸳鸯火锅等深受厚爱，杭城已有川菜酒店10家之多。

京菜馆

京菜的特色是讲究原料和做工的精细，口味以北方浓郁酥烂为主，兼具南方讲求的嫩脆清鲜。很多菜是各路菜系的集大成者，如谭府官家菜，在用料上突出一个“精”字，非货真价实不用。清汤燕窝、黄焖鱼翅、扒大乌参、草菇蒸鸡、银耳素烩、柴把鸭子等烹制特别复杂的菜肴，是谭府官家菜的拿手菜，更是当年皇家的专用菜肴。至于“全聚德”的鸭师傅，能把一只鸭子烧出几十种吃法，只有其特色品牌才能做到。

余杭羊肉烹饪大赛

川味火锅

四川火锅是川人食之最爱，如今著名的成都谭鱼头火锅等37家连锁店已在杭州庆春路隆重登场。谭鱼头专为杭州美食者推出的鸡汁红百锅和红番锅，深受市民青睐，尤其是鲜香醉人的调料、香料，以及18种作料勾兑的味碟，与其他川味火锅确实不同，这些原料每季均从四川总部配送而来。辣不刺喉的“一筋条”红辣椒也是这里的特色。谭鱼头给杭州带来的不仅是川味美食，还掀起了一股“新杭儿风”（方言）。杭城的川菜火锅店可以说是“点面结合”，谭鱼头是“点”，川福火锅是“面”。后者是一个跨地区、跨省市，拥有51家连锁店的餐饮公司，仅在杭州就有5家连锁店。

沙锅

沙锅的锅底种类有啤酒鸭、肉骨头、笋干老鸭、双丸粉丝等。沙锅与火锅的质材不同，保温好、散热慢的砂锅在冬令进补保暖上更显其长。冬季杭州火锅与沙锅此消彼长，热闹非凡。

西式快餐和西餐馆

近年来，杭州的西式快餐发展非常迅速。这种从西方传入中国的餐饮，较受年轻消费者，尤其是儿童的青睐。肯德基、麦当劳、必胜客，几乎成了儿童的饮食乐园。这些店家中，发展最快的当数肯德基。

红泥砂锅城外景

杭州的西餐经营也有一定的历史，位于延安路231号的杭州海丰西餐社就是一家有一定年头的名店，其精心制作的海丰蛋糕与南方大酒店的水果蛋糕等都是受人喜爱的甜点之一。

麦当劳快餐厅

必胜客

日本料理

杭州的日本餐馆并不多，包括扎根在一些宾馆饭店内的也只有六七家。日本餐馆在杭州发展速度缓慢与本地餐饮业的特殊性息息相关。新派杭菜清新的口味、实惠的价格、火爆的人气无疑为自己在激烈的市场竞争中竖起一道保护屏障。日本料理作为一种比较高档的餐饮形式，它的消费群体还是比较稳定的，除了在本地的日本人及外企白领，也经常有年轻人光顾。

烧烤

在杭州吃烧烤有几家不错的选择。烧烤店的经营方式一般都限定最低消费，自取自烤，并提供配套冷热菜和饮料水果（酒类另计）。消费价格每位30元左右，吃饱为止。

大排档

南方城市沿街的大排档向来是夜宵的首选。杭州吴山路和龙翔桥一带大排档常年兴旺。看样随选，热闹异常。价格也较低廉，一般都经营到深夜2点以后。

伊万里川日本料理店堂

逛街购物

杭州不仅以“美食天堂”而闻名，更以“购物天堂”著称。杭州的购物网是以传统的特色产品为依托，兼顾大众化的日常消费品而构成的。购物的场所除传统的“老字号”名店和大型百货商场（现发展到十大商场）外，新式的大型超市、购物街和众多的专业市场也是重要的组成部分。在购物街中，中山中路是以“老字号”名店集中而闻名，解放路和延安路是著名的繁华商业街，位于延安路北端的武林广场是杭州的市中心和闹市区。

彩球坊玩具连锁店

购物时间

杭州主要购物场所一般营业至晚上21点，提前半小时陆续清场，节假日适当延长。各旅游景点的购物点一般在傍晚17点关门。

付款及发票

杭州主要购物场所一般都提供购物发票，但有些旅游景区的购物点有提供不出发票的情况，旅游者应事先询问，注意不要在此类营业场所购物。

大型百货商场

杭州主要大型百货商场都集中在延安路和解放路一带，主要有杭州大厦购物中心、解放路百货商店、杭州百货大楼、银泰百货、国际大厦百货商场等，经营方向和定位各有不同。

杭州的超市

杭州超市发展迅速，自1995年上海华联超市进入到现在，全市已有连锁超市30余家，超市门店400余个。华联超市最初没有产生多大的影响。1996年金龙万家福超市以其品种全、价格廉、购物便而一炮打响，超市面积6000平方米，经营商品近2万种，最高日销售额达116万元。1997年开张的家友超市是杭州超市发展的第二个里程碑。家友庆春店营业面积8000平方米，开业一周内销售额就达到284万元。其后，城区、街道所属和私营超市开始悄悄扩展，千家伴、百姓等小型超市连锁店以点多面广而贴近百姓，另外，有些小型连锁超市已实行24小时营业。大型超市继续向规模化、规范化方向发展，商品种类日益丰富。超市门店还向郊县和周边县市扩展。

杭州的“老字号”

众多的“老字号”是杭州商业发展的注脚和见证人。有创建于1845年的边福茂，创建于1862年的邵芝岩笔庄，创建于年1864年的万隆火腿庄，创建于1881年的方裕和南北货店等拥有百年历史的老店，还有一二十年代开设的景阳观、高义泰、广合顺、豫丰祥、老大房等多家名店。长期以来，这些“老字号”别具一格的传统技艺、经营特色早已深入杭州市民的心坎。不少老年人至今仍记得几十年前杭城家喻户晓的“头顶天，脚踏边”顺口溜，其中的“边”就是指边福茂布鞋。现在，不少老字号的那种前店后坊、产

兴合服装城

◁延安路的繁华夜景

商场橱窗展示

销合一的经营特色正在因工商分工日益细化而被人们淡忘，部分“老字号”也因此而成为一道历史的风景，但求信誉、讲质量、重服务这些传统却至今仍是现在的“老字号”青春长驻的秘诀。

商业购物街

杭州近代最繁荣的商业街经历了由南向北的迁移过程。历史上，清河坊、中山南路一带曾经是杭州最繁华的街区，这里是古代皇宫、官府所在地，地处凤山门和清波门之间，又靠近古代交通的主要形式——水路交通的南星桥码头。这里有多家药店、粮店、钱庄、当铺、酒楼、茶馆，“买卖日夜不息”。随着市中心逐渐北移，中山中路、解放路、延安路先后成为最有代表性的商业街。

传统工艺品

杭州的传统工艺品向以丝绸、都锦生织锦、王星记扇子、张小泉剪刀、天竺筷、仿南宋官窑青瓷闻名。西湖沿线各旅游景区的购物点都能买到，若想价廉物美，最好选择大商场购买。位于凤起路、体育场路和新华路之间的中国丝绸城是全国目前最大的丝绸专业市场，从服装、面料到小件一应俱全。

土特物产

杭州驰名土特产以龙井茶、西湖藕粉、杭白菊、西湖莼菜、金鱼等为主，杭州各大商场和购物点都能买到。另外，土特产专门店是最好的选择。

专业市场

20世纪80年代初，杭州出现了一批年销售额超亿元的商场，号称“十大商场”，基本上垄断了杭州批发零售业。

岳王路花鸟市场

进入90年代，在杭州城内或城郊结合部出现了一批专业市场。浙江是个市场大省，作为其省会城市，市场之多，在国内颇有名气。

专业市场的主要优势在于价格低廉、商品种类多，可以说所有综合性大商场的商品在专业市场都有，而且品种更丰富。

乐购超市

传统工艺品和土特产

杭州丝绸

杭州丝绸历史悠久，早在四五千年前的良渚文化时期，杭州先民就已能种桑、养蚕、织帛和制造原始的缫丝工具。唐代，杭州盛产的绫类已进贡给朝廷。南宋时，杭州市内呈现“机杼之声，比户相闻”和“都民女士，罗绮如云”的盛况，由此而称“丝绸之府”。如今的杭州丝绸已形成了从蚕茧供应、缫丝、丝织、印染、丝绸服装到丝织机械等配套的生产能力，常年生产绸、缎、绵、纺、绉、绫、罗、纱、绡、绒、绢、呢、绨、葛等14大类，200多个品种，2000多个花色。织物或富丽堂皇，或薄如蝉翼，或轻柔飘逸，或雍容华贵，其中许多产品荣获国家部优或省级优质产品奖。

杭州丝绸

都锦生织锦

蜚声海内外的杭州织锦由都锦生丝织厂生产。该厂由杭州人都锦生于1922年创建，他在中国丝绸传统工艺基础上发明了织锦工艺，即用提花织机通过花板控制多种色彩的经线和纬线，织出名贵的字画、优美的自然景物和惟妙惟肖的人像。杭州织锦分为装饰织锦、风景织锦和丝织人像三大类，早在1926年，该厂所织的一幅五彩丝织风景画就获得美国费城国际博览会金奖。目前，该厂成为我国最大的丝绸工艺品生产的出口企业，主要产品有风景画、台毯、靠垫、床罩、窗帘及作为衣料的织锦，产品雍容华贵，富丽堂皇，既适用于室内装饰又很实用，被国际友人誉为“东方艺术之花”。

王星记扇子

王星记扇子

王星记扇子是我国著名的传统工艺品。清光绪元年(1875年)，王星斋在杭州创建王星记扇庄（王星记扇厂的前身）。王家世代从事制扇业，其扇子以选材优异、做工考究而闻名全国，首创的黑纸扇曾作为“贡扇”被送往朝廷。如今，王星记扇厂生产的扇子分为15大类，400多个品种，1300多种花色。其中以黑纸扇和檀香扇最著名。黑纸扇以棕竹做扇骨，用桑皮纸做面扇，双面涂柿漆。既可拂暑取凉，又能遮阳蔽雨，即使在阳光下暴晒或在水中浸泡10多小时，依然美观牢固，故历来有“一把扇子半把伞”的美称。1981年被评为中国工艺美术品百花奖银杯奖；1982年在美国田纳西州诺克斯威尔城的世界博览会上，该厂的一把小楷《唐诗三百首》真金全棕黑纸扇轰动全场；1988年的一把2.5万余字的小楷扇，被誉为艺术珍品。檀香扇用清香四溢的檀香木制成，有“扇存香存”的特点。将它放入衣柜，还有防虫防蚁的作用。

张小泉剪刀

张小泉剪刀以镶钢均匀、磨工精细、刃口锋利、式样精巧、刻花新颖、销钉牢固、开合和顺、品种繁多、经久耐用、物美价廉而驰名中外。它在清乾隆年间被列为贡品，1910年在南洋劝业会上和1915年巴拿马赛会上分别获得银奖和四等奖。如今的张小泉剪刀厂已成为我国剪刀行业中的大型企业，所产剪刀，装潢美观，品种规格齐全，分为工业用、农业用和民用三种。此外，还有旅行剪、绣花剪、照相花边剪等。游客常购买用以馈赠亲友。

西湖天竺筷

用杭州天竺山上的实心大叶箬竹制成，故名天竺筷。制作精致，光洁轻便，价廉物美，非常实用，早在清朝光绪年间，就成为杭州的特产。天竺筷品种有下列四种：按长短分有9寸、9.5寸、

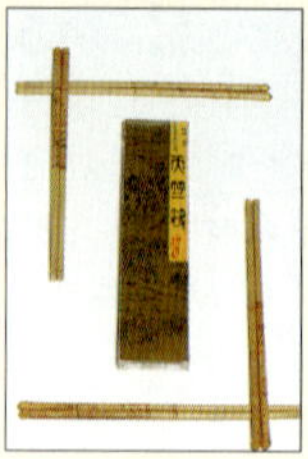
西湖天竺筷

10 寸和 10.5 寸四种，按粗细分有粗、中、细三种，按花纹分有佛像、山水、花卉、西湖风景等，按筷头分有银头、珠头、铅头、铁头、骨头等。

仿南宋官窑青瓷

建在杭州凤凰山下的南宋官窑是专为皇室烧瓷的窑口，其产品因数量少、工艺水平高而具有很高的审美价值和收藏价值，向来为国内外博物馆和陶瓷爱好者所钟爱。其工艺特点是：釉面开片，薄胎厚釉，紫口铁足。1279年南宋灭亡，官窑被毁，技艺失传。建国后专家们对南宋官窑青瓷进行深入研究，并在此基础上仿制了南宋官窑青瓷，其釉色已接近南宋官窑青瓷，产品在国内外市场上颇受中外顾客的青睐。

西湖龙井茶

杭州西湖乡龙井村周围群山环绕，雨量充沛，气候温和湿润，土壤呈酸性。由于这些优越的自然条件和茶农精良的制作，所产茶叶有“色绿、香郁、味醇、形美”的特色，堪称“四绝”，历史上曾列为贡品，已有1200多年历史。传统的西湖龙井茶“狮(峰)”、“龙(井)”、“云(栖)”、“虎(跑)”四个品类，以狮峰龙井为上品，现归为“狮”、“龙”、“梅(家坞)”三个品类。龙井茶有春茶、夏茶、秋茶，尤以一尖二叶的“明前茶”为佳品。

西湖龙井茶

西湖莼菜

西湖莼菜又称马蹄草、水莲叶，属睡莲科，是一种水生宿根植物。历史上，以栽培在小瀛洲的莼菜最著名。叶片呈椭圆形，暗绿色，每年春天至秋天采摘，有滑腻、清香、鲜嫩的特色。莼菜含有多种成分，如丰富的蛋白质、维生素C和铁质，有健胃、强身、防癌等功效。西湖莼菜汤、莼菜黄鱼羹等都是西湖名菜。

西湖藕粉

西湖藕粉

西湖藕粉主要出产于杭州艮山门外至余杭塘栖一带，以余杭三家村的藕粉最负盛名，故又称“三家村藕粉”。那里种植荷藕多达10多种，其中用尖头白荷加工的藕粉最佳。西湖藕粉呈薄片状，质地细腻，色泽白里透红。用开水冲泡后，撒上糖桂花，晶莹透明，味醇清口，不仅能充饥，而且有滋补作用。据鉴定，藕粉含有淀粉、蛋白质、葡萄糖、钙、磷、铁、维生素C等多种成分，具有健脾、生津、开胃、润肺的功效，很适合老幼病弱者食用。

杭白菊

本产杭州，故称杭菊或杭白菊，古时与龙井茶齐名，并列为贡品。今主产于浙江北部的桐乡市。

夏季，杭白菊宜作保健饮料。开水冲泡后，其色泽天然，汁水清香，味甘爽口，花形完美，具有降温、消暑、利尿和益神的作用。杭白菊还是“浙八味”之一，含有氨基酸、菊甙及多种维生素。它性寒，味甘苦，作为药用有平肝明目、散风清热和解毒消毒的作用，主治感冒风热、目赤和头痛。

杭州金鱼

金鱼，又名锦鱼，是由野生的金鲫鱼演变而来。金鱼体形奇特，色彩鲜艳，姿态典雅大方，被视为活的艺术品，是深受人们喜爱的观赏鱼。中国是金鱼的故乡，杭州是家养金鱼的发源地。早在北宋，人们就发现并开始饲养金鲫鱼。南宋时盛养金鱼，尤其皇亲国戚养鱼成风，社会上出现了养金鱼的专业户。明清时养金鱼更普遍。现在杭州饲养金鱼多达200多种。金鱼大体可分为四大类草金鱼、龙睛鱼、文种、蛋种。除供应国内，还远销海外。

杭州的“老字号”

胡庆余堂

河坊街大井巷95号 87027507

邵芝岩笔庄

中山中路298号 87026626

张允升百货商店

中山中路70号

朱养心膏药店

河坊街大井巷14号 87028878

颐香斋食品商店

解放路南班巷 87805426

张小泉剪刀厂门市部

解放路162号 87061860

王星记扇厂门市部

湖滨路20号 87061327

边福茂鞋店

中山中路110号 87025683

毛源昌眼镜店

湖滨路7号 87020219

都锦生织锦厂门市部

邮电路82号 87029573

胡庆余堂的中药研磨表演

实惠的消费者往往不怕跑腿受累，喜欢到专业市场选购，而求质量、图方便的则瞄准大商场“金”字招牌。

商业购物街

中山中路

清末民初，杭州的商业中心以清河坊为起点，沿中山中路向北延伸至官巷口，形成了杭州近代第一条初具规模的商业街。1914年，杭州第一家具有现代气息的百货商店——益新百货店在羊坝头开业，随后，张允升、义泰祥、于天顺、程茂松等老店也改成百货店，这些店家装潢新颖、店门开阔，得现代都市风气之先。豫丰祥百货店、亨达利钟表店、状元楼、边福茂鞋店、邵芝岩笔庄、小吕宋，以及多家银行、当铺、饮食店也汇聚这里，兴盛之极。

解放路

解放路是当代杭州第二条繁荣的商业街。这里原是中山中路商业中心的一条分支，随着城市向西向北扩展，杭州的商业区也延伸到西湖边。1918年，解放路吴山路口，杭州第一家大商场的前身——商品陈列馆成立，有48家店面，标志着解放路繁荣的开始。解放路的鼎盛出现在1990年前后。当时杭州的大中型商场大部分集中在解放路，由西向东依次有解放路百货商店、服装大厦、化工大厦、永安商厦、供销大厦、盛时达商厦、天工艺苑、南元百货大楼8家，声誉卓著的专业店有裕华呢绒店、奎元馆、杭州食品商店等。这条路是火车站通往西湖的必经之路，生意十分火爆，也是杭州第一条设立交通护栏的马路。

延安路

延安路是20世纪90年代快速形成的繁华商业街。这条路的南部与解放路交叉，除了解放路百货商店之外，还有工联大厦、小吕宋，以及杭州照相馆、海丰西餐社等著名店家。北端的兴盛肇始于武林广场周围大型商厦的兴建，杭州百货大楼、杭州大厦、国际大厦的先后建成，使杭州商业的重心向北转移。随后，银泰等商厦的兴起，使这条街的繁华区域逐渐连成一线。如今，杭州的主要商场基本上集中在这条街上。“百城万店无假货”活动选择这里为示范街。

武林路

武林路是一条连接体育场路和庆春路之间的小路，随着延安路和体育场路的繁华而热闹起来。它的特色在于遍布道路两侧的小型服装、皮具专卖店，以时尚和前卫著称，成为杭州年轻一族出没“淘金”的场所。这里还是发廊的汇聚之地。

深蓝
Navy blue music fulcrum

休闲娱乐

“暖风熏得游人醉，直把杭州作汴州。”早在800多年前的南宋，杭州作为当时的京城，就是一个文化娱乐的中心，当时的勾栏瓦肆是普通的民间娱乐场所。时至今日，杭州仍然是著名的休闲娱乐城市。一些新颖健康并富有时代气息的休闲娱乐项目已为杭州市民所青睐，如具有南宋遗风的茶馆，富有西方街头风格的酒吧和时尚高档的咖啡馆等都是主要的休闲去处，时兴的网球、高尔夫、健美、游泳等专业场馆更是年轻人的娱乐场所。垂钓、花木、棋牌等则是杭州人喜爱的传统消闲活动。

茶艺馆

早在南宋时，茶楼、茶室就遍布杭城大街小巷。杭州人历来爱茶，从达官贵人到平民百姓都有饮茶的习惯。20世纪90年代以来，随着人们生活水平的提高，休闲时间的增多，杭州的饮茶之风更甚，茶楼发展非常迅速。据统计，杭城挂牌茶楼有150多家，加上宾馆饭店的茶楼、茶室，共有300多家，其中营业面积在2000至4000平方米的茶楼就有湖畔居、太极、青藤、蓝宝等6家。这些茶楼档次不同、情调各异，价位也不尽相同。

杭州最有名的“茶艺一条街”当推曙光路，沿途茶楼有风荷、太乙、金沙阁、新竹、紫艺阁、门耳等10余家。

旅行者酒吧

酒吧

杭州的酒吧和茶楼一样遍布杭城大街小巷。追随西方酒吧文化的喧哗嘈杂，小型摇滚乐队的激情演出、漂亮的啤酒小姐、各种肤色的拥挤人群和世界各种品牌的啤酒组成了酒吧的风景。酒吧最集中的是南山路一带，沿途画廊、酒吧、餐馆、茶楼、咖啡馆连成一片，是杭州夜生活的主要地带。另外，风情各异的酒吧室内装修也颇有看头。

天上人间酒吧

咖啡馆

与酒吧相比，杭州的咖啡馆大多高档时尚，室内装饰与陈设各出新意，讲究质量和服务，消费的档次也是水涨船高，尽管不另加服务费，一杯正宗的“卡布其诺”也要卖到30元左右，不过质地和口味确实不错，也算物有所值。

特色吧

近年冒出来的特色吧主要有网吧、陶吧、聊天吧等。其中网吧已很普及，一般规模都不大，上网一小时也就在10元左右。聊天吧的特点是围坐一圈吧台，小姐陪你聊天、游戏，也常有歌舞表演，消费仍在酒水茶点。有

◁深蓝音乐酒吧

旅行者酒吧

的陶吧除了玩陶，还可以要求烧制成品和学习制陶。

电影

杭州电影院众多，传统的大型影院已被小型放映厅所取代，影片的选择也多样，从白天场到夜场循环放映，也有通宵连场。一些热门“大片”是非得上影院才能欣赏，因为音响和视觉效果是录像和VCD取代不了的。上映新片请注意当天报纸和电影院门外的预告，普通单场票价在10元左右，“大片”除外。

电影海报

戏剧舞蹈和音乐

杭州有小百花越剧团、歌舞团、昆剧团、杂技团等专业演出机构，节日常有演出，要注意当日报纸的预告。另外，西湖风景区如北山路镜湖厅、阮公墩、黄龙洞等景区都有定期的传统曲艺和古乐表演，由专业人员参与演出。其他还有茶楼的古乐演奏，酒吧的摇滚乐和吉他弹唱，咖啡馆的小提琴、萨克斯演奏等。

舞厅和夜总会

舞厅和夜总会以卡拉OK和跳舞为主项。杭州的夜总会已向大型多功能发展，经营项目综合化，各种表演花样百出，规模越来越庞大，往往实行一票制（门票），除酒水食品外，可参与所有娱乐项目，当然票价不菲。舞厅从10元到上百元的各种档次价位都有，“迪厅”是其中的主体。

杭剧《双下山》

夜游和露天演出

每当夜晚，西湖上华灯四放，保俶塔、城隍阁金碧辉煌，柳浪闻莺公园、吴山广场和湖滨路等披红挂彩，柳浪闻莺附近湖面的大型喷泉、环湖连线的霓虹灯和随风飘来的丝竹管弦令人如醉如痴。夜晚的露天演出精彩纷呈，从小品、吹拉弹唱到大型晚会，环湖公园和广场热闹非凡。夜游的最佳方式是乘坐游船，一面欣赏歌舞，一面浏览沿湖城市夜景。另外，到吴山夜市逛逛，也是不错的选择。

游泳

西湖和运河都禁止游泳，但市区内游泳场馆众多，其中包玉刚游泳馆、杭州游泳馆两处的设施和水质都不错，另外，西湖西缘的浙江宾馆室内泳池也清洁舒适，且不太拥挤。

室内游泳池

高尔夫

高尔夫球健身娱乐项目是白领阶层的嗜好。杭州的高尔夫球场（游乐中心）主要有位于杭州植物园的杭州高尔夫球游乐中心和位于之江度假区的西湖国际高尔夫球场。

网球和保龄球

杭州网球场地不多，除黄龙体育中心等几家专业场馆外，主要分布在校园、新建高档住宅区。保龄球场馆却遍地开花，营业常至凌晨4～5点，每家场馆也都有不同级别的比赛和优惠措施，普通收费在10～20元/局，并普遍实行会员制。经常有保龄球专业比赛在杭州举行。

垂钓

西湖边可供垂钓的地方并不多，玉皇山、长桥公园和曲院风荷公园有允许垂钓的湖区，可向公园管理处咨询。最好向专业的钓鱼俱乐部联系，租用渔具到指定区域垂钓。

杭州茶馆之旅

杭州茶馆之多，已成了杭城的特色和个性，就好像上海应该是一个咖啡或者酒吧的城市，杭州就应该是一个茶馆的城市。杭州的茶馆正在演变为另一种风尚，与其说茶馆，毋宁说是点心馆或者小吃铺更贴切些，茶馆内有各种可口的零食和点心，就像吃自助餐一样。如今到茶馆喝茶，不再是清饮、野饮，而是实实在在的“以餐带饮”，从而使茶馆经营者也形成了新的理念：丰富茶楼功能，创出经营特色，弘扬传统文化，吸引更多茶客。

紫艺阁

曙光路80号 87971931

明缘茶庄

曙光路64号 87978952

仙羽茶庄

白沙泉94号 87983823

黄龙茶艺馆

曙光路12号 85118878

青藤茶馆

湖滨路53号 87212779

87216916

蓝宝茶馆

湖滨路60号 87060011

太极茶道苑

保俶路178号 85213421

湖畔居茶楼

湖滨路23号 87020701

城隍茶楼

河坊街藩署26号 87910953

和茶馆

延安路149号 87022806

天堂乌红茶坊

湖滨路58号 87068883

风荷茶馆

曙光路83号 87979039

太乙茶庄

曙光路77号 87961137

新竹茶楼

曙光路80号 87968805

城隍阁茶楼

吴山上 87922688

食为先茶楼

武林路28号 87033567

榕树茶楼

湖滨路15号华侨饭店

87072097

江南村茶楼

体育场路285号 85102329

茶人之家

洪春桥堍 87961557

湖畔居茶楼